Par ses souffrances nous sommes guéris

Théo Klein scj

Par ses souffrances nous sommes guéris
Retraite spirituelle

.

Préface de Jean-Jacques Flammang scj

Editions SCJ Clairefontaine
Heimat und Mission

« Collection La Capelle »

dirigée par Jean-Jacques Flammang scj

Jerzy Sedzik scj
*Entretiens sur la spiritualité dehonienne
du Sacré-Cœur*
*

André Perroux scj
Le Père Dehon, un témoin de la miséricorde ?
*

Nico Turmes scj
Dieu, l'amour, la liberté, la confiance
*

Théo Klein scj
Par ses souffrances nous sommes guéris
*

Photo en couverture
Peinture de Nicolas Brücher dans la Chapelle de Clairefontaine
(Photo C. Kurt)

© Editions SCJ Clairefontaine, 2018
Heimat und Mission, L-8401 Steinfort
www.scjef.org
Impression BOD – Books on Demand
ISBN 978-99959-96482
Dépôt légal, novembre 2018

Préface

A Clairefontaine, la chapelle des Dehoniens, Prêtres du Sacré-Cœur de Jésus, présente en son chœur la grande fresque de la transfixion du Christ réalisée en 1936 par le célèbre artiste luxembourgeois Nicolas Brücher. Jésus en croix vient de remettre l'Esprit et de donner ainsi sa vie pour nous et pour notre salut alors que le soldat par sa lance lui ouvre encore le côté d'où sortent le sang et l'eau, ultime signe de son amour infini. Au pied de la croix de Jésus se tiennent Marie, sa mère, l'évangéliste Jean et Marie Madeleine, tous témoins de ce qui s'est passé et préfigurant ceux qui ultérieurement seront comme eux guéris par celui qui avait dit : « Venez à moi, vous tous qui peinez sous le poids du fardeau. Je vous soulagerai, car je suis doux et humble de cœur. » (Mt 12, 32)

C'est cette scène évangélique qui présente le mieux l'esprit et le charisme des Prêtres du Sacré-Cœur de Jésus. « Avec saint Jean, nous voyons dans le côté ouvert du Crucifié le signe d'un amour qui, dans le don total de soi, recrée l'homme selon Dieu » affirment leurs Constitutions.

Le cœur ouvert de Jésus, témoin de son amour infini et de sa miséricordieuse prévenance, invite à vivre de cette même charité, selon l'adage récemment adopté par les Dehoniens pour redire leur identité : « Avec un esprit et un cœur ouverts à Dieu et aux exigences de l'Église et du monde. »

« Par ses souffrances nous sommes guéris », c'est le thème qu'a choisi le Père Théo Klein pour la retraite qu'il a prêchée en 2018 à Clairefontaine et dont nous publions ici le texte. Notre monde est marqué par de multiples souffrances, nos cœurs aussi, au point que l'on peut se demander : Et qui pourrait bien nous sauver ?

Ceux qui nous viennent en aide, acteurs politiques, religieux, sociaux, culturels... sont nombreux. Ils offrent des remèdes qui parfois soulagent. Mais ce qui semble surtout faire défaut, c'est un diagnostic général qui permette de s'orienter vers une thérapie vraiment efficace.

C'est dans ce contexte que le Père Klein dirige notre regard vers le Christ en croix et nous rappelle que c'est par ses souffrances que nous sommes guéris. Présentant les différentes maladies qui peuvent affecter spirituellement toute communauté, il élabore aussi les thérapies possibles, en levant « les yeux vers celui qu'ils ont transpercé » (Jn 19, 37). Il peut s'appuyer sur sa riche expérience, d'abord comme infirmier et puis, après ses études de théologie et son ordination sacerdotale, comme aumônier d'hôpital, service qu'il a rendu pendant une quinzaine d'années à l'Hôpital de la Ville d'Esch-sur-Alzette. Une bonne connaissance des Saintes Écritures, mais aussi de la spiritualité des Pères de l'Église et des grandes théologies contemporaines lui permet de comprendre et d'interpréter l'être de l'homme à la lumière de la foi au Christ Sauveur.

Les différents entretiens rassemblés ici partent de textes bibliques et d'extraits de la Règle de Vie des Prêtres du Sacré-Cœur de Jésus pour jeter un regard vraiment religieux sur les problèmes auxquels est confronté notre monde actuel. C'est ce que faisait aussi le fondateur de la Congrégation, le Père Léon Dehon. Juriste de formation, il connaissait les maux de la société de son temps ; il en avait étudié attentivement les causes, au plan humain, personnel et social. Mais il voyait la cause la plus profonde de la misère humaine dans le refus de l'amour du Christ. Aussi saisi par cet amour méconnu, il y a répondu par une authentique dévotion au Sacré-Cœur et attendait de ses religieux – ce qui est toujours le cas - qu'ils soient eux aussi des prophètes de l'amour et des serviteurs de la réconciliation des hommes et du monde dans le Christ en vue d'instaurer le Règne du Sacré-Cœur dans les âmes et la société. (Cf. Constitutions 4 et 7)

Que les méditations et explications qu'offre ici le Père Théo Klein puissent faire voir Celui qu'ils ont transpercé, et faire comprendre que c'est par ses souffrances que nous sommes guéris.

P. Jean-Jacques Flammang SCJ

Spiritualité dehonienne

Dans la chapelle du couvent de Clairefontaine on voit la grande fresque du peintre Nico Brücher qui représente la scène de la transfixion. La fresque invite à jeter un regard sur Celui qu'ils ont transpercé. C'est là où se révèle l'amour infini du Cœur de Dieu, mais aussi la brutalité du cœur de l'homme. A partir de cette scène dans l'Évangile de Saint Jean on découvre les maladies du cœur de l'homme qui sont multiples, mais qui ne sont pas toutes mortelles. Le Sacré-Cœur de Jésus et son amour pour les hommes est le véritable médecin par excellence. Le cœur de Jésus est le sommet de la révélation de l'Amour de Dieu. Le Sacré-Cœur est la révélation de la miséricorde de Dieu.

« Par ses souffrances nous sommes guéris » est le sujet de la retraite, prêchée à Clairefontaine du 26 jusqu'au 31 août 2018. Il illustre comment la miséricorde de Dieu opère face aux maux de l'homme et comment la puissance du Saint-Esprit peut le libérer de ses infirmités spirituelles, et parfois aussi corporelles. Le Christ dit : « *Ce ne sont pas les gens en bonne santé qui ont besoin du médecin, mais les malades* » (Lc 5, 31). C'est là le contenu de l'Évangile, l'annonce de la Bonne Nouvelle du salut, l'avènement du Royaume, la création nouvelle que le Christ réalise. Il accomplit ainsi la prophétie du prophète Isaïe au chapitre 61, comme on le voit en Lc 6, 16-30 où il précise en quoi consiste justement son rôle : « *Porter la Bonne Nouvelle aux pauvres, annoncer aux captifs la délivrance et aux aveugles le retour à la vue, renvoyer en liberté les opprimés.* » Il y a là plus que l'œuvre d'un médecin, c'est celle même d'un Sauveur. Les Pères de l'Église ont annoncé la figure du Christ médecin et celle du Christ Sauveur qui étaient si importantes pour eux. Ils étaient confrontés comme nous aujourd'hui aussi avec le paganisme et ils se sont opposés aux fausses idoles en montrant que le seul véritable médecin est le Christ. Dans ses *Catéchèses baptismales*, Cyrille de Jérusalem souligne au chapitre X, 13 que le nom de Jésus signifie en hébreu *Sauveur* et en grec *Médecin* du fait qu'il est le médecin des âmes et des corps ; et l'auteur de la Lettre à Diognète (IX, 6) présente Jésus comme *thérapeute des esprits.* En Dieu nous trouvons la plénitude de la vie. En lui est la vie éternelle et parfaite.

Pour la Journée des malades 2009, qu'il avait intitulée « *Le Christ, vrai médecin des corps et des âmes* », le pape Benoît XVI signalait que « *l'expérience de la guérison des malades a occupé une bonne partie de la mission publique du Christ et nous invite une fois encore à réfléchir sur le sens et la valeur de la maladie en toute situation dans laquelle l'être humain peut se retrouver* ». « *Notre réaction face à la maladie manifeste que nous sommes faits pour la vie, pour la vie complète* », fait observer le pape. « *Notre instinct intérieur nous fait penser à Dieu comme plénitude de vie, et même comme vie éternelle et parfaite.* » Benoît XVI explique que les guérisons accomplies par Jésus ont une signification claire : « *Dieu – dont lui-même a révélé le visage – est le Dieu de la vie, qui nous libère de tout mal. Les signes de sa puissance d'amour sont les guérisons qu'il accomplit : il démontre ainsi que le Royaume de Dieu est proche, en restituant aux hommes et femmes leur pleine intégrité d'esprit et du corps.* »

Le silence – oxygène pour la vie
Contre la dictature du bruit

Texte biblique

Les Apôtres se réunissent auprès de Jésus, et lui rapportent tout ce qu'ils ont fait et enseigné. Il leur dit : « Venez à l'écart dans un endroit désert, et reposez-vous un peu. » De fait, les arrivants et les partants étaient si nombreux qu'on n'avait même pas le temps de manger. Ils partirent donc dans la barque pour un endroit désert, à l'écart. (Mc 6, 30-32)

De la Règle de Vie des Prêtres du Sacré-Cœur de Jésus

À sa suite, nous devons vivre dans une solidarité effective avec les hommes. Sensibles à ce qui, dans le monde actuel, fait obstacle à l'amour du Seigneur, nous attestons que l'effort humain, pour parvenir à la plénitude du Royaume, a besoin d'être sans cesse purifié et transfiguré par la Croix et la Résurrection du Christ.

De par leur état, les religieux attestent d'une manière tout à fait particulière que le monde ne peut être transfiguré et offert à Dieu sans l'esprit des Béatitudes (LG 31).

RV, 29

Il y a vraiment des moments dans notre vie, où une coupure est nécessaire. Faire une retraite est un moment privilégié pour prendre du recul, mettre de l'ordre dans notre vie : On doit prendre chaque jour des décisions et cela n'est pas toujours facile ! On a besoin de prendre du temps pour ne pas laisser les émotions prendre le dessus, pour tenter de « digérer » chacune des situations auxquelles on est confronté et ne pas se laisser emporter par un sentiment d'injustice ou de découragement. On a besoin de remettre les choses à leur juste place, d'arrêter de se centrer sur ses propres soucis. Souvent on a l'impression que l'erreur médicale, ce n'est pas nous ! Il faut qu'on sorte du filet de l'attitude comme victime. On a besoin de se ressourcer, de recharger les batteries, de venir puiser à la source : « *Venez à moi, vous tous qui peinez sous le poids du fardeau, et moi, je vous procurerai le repos.* » (cf. Mt 11, 25-30) Le Seigneur nous rappelle que nous ne sommes pas seuls pour porter tout le fardeau.

La retraite est une thérapie d'oxygène. Nous savons bien que nous avons besoin de l'oxygène pour vivre et pour survivre. Sans oxygène il n'y a pas de vie, sans oxygène pas de guérison. Nous sommes invités à prendre du temps pour cultiver notre relation avec le Seigneur : « *Reposez-vous un peu.* » Et pour réaliser cette Parole du Seigneur il faut éviter la dictature du bruit. Oui, effectivement : Le silence est la première phase et la base de notre thérapie pour faire l'expérience que « nous sommes guéris par ses souffrances ».

« *Silence* »
de Michel Quoist

Voilà, c'est décidé,
je veux faire du silence pour prier.

Mais le silence, ce n'est pas facile à faire.

Pour y arriver,
je peux regarder attentivement une seule chose,
je peux aussi fermer les yeux.
Si un bruit se fait entendre,
je ne bouge pas,
je ne tourne pas la tête.
Ainsi, je deviens responsable de mon silence.

Le silence est fragile.

Mais c'est décidé,
je veux faire durer mon silence,
pour moi et pour les autres.

Un beau silence en présence de Dieu.
C'est déjà une prière.

J'accepte de ne rien sentir, Seigneur.
De ne rien voir, de ne rien entendre,
vide de toute idée, de toute image.
Dans la nuit.

Me voici simplement
pour te rencontrer sans obstacle.
Dans le silence de la foi,
devant toi, Seigneur.

Découvrir la force du silence

Dans une époque de plus en plus bruyante, alors que la technique et les biens matériels ne cessent d'étendre leur emprise, c'est certainement une gageure que de vouloir écrire un livre consacré au silence. Pourtant, le monde émet tant de bruits que la recherche de quelques gouttes de silence n'en devient que plus nécessaire. Pour le cardinal Robert Sarah[1], préfet de la Congrégation pour le culte divin et de la discipline des sacrements – le dicastère romain pour la liturgie -, à force de repousser le divin, l'homme moderne se retrouve dans un grand silence, une épreuve angoissante et oppressante. Le cardinal veut rappeler que la vie est une relation silencieuse entre le plus intime de l'homme et Dieu. Le silence est indispensable pour l'écoute de la musique de Dieu : la prière naît du silence et y revient sans cesse plus profondément.

Dans un entretien avec Nicolas Diat, le cardinal s'interroge : les hommes qui ne connaissent pas le silence peuvent-ils jamais atteindre la vérité, la beauté et l'amour ? La réponse est sans appel : tout ce qui est grand et créateur est formé de silence. Dieu est silence. Après le succès international de *Dieu ou rien*, traduit en quatorze langues, le cardinal Robert Sarah entreprend de redonner au silence ses lettres de noblesses.

Le sous-titre de ce livre « *Contre la dictature du bruit* » reprend le thème du premier chapitre « Le silence contre

---

[1] Cf. Cardinal Robert Sarah avec Nicolas Diat : *La force du silence. Contre la dictature du bruit,* Fayard 2016, 369 pages.

le bruit ». Le cardinal avertit qu'il faut être courageux en matière d'écologie spirituelle : « Il faut précieusement protéger le silence de tout bruit parasite. Le bruit de notre 'moi', qui n'en finit pas de réclamer ses droits, nous plongeant dans une préoccupation excessive de nous-mêmes. Le bruit de notre mémoire, qui nous nous tire vers le passé, celui des souvenirs ou des fautes. Le bruit des tentations ou de l'acédie, l'esprit de gourmandise, de luxure, d'avarice, de colère, de tristesse, de vanité, d'orgueil, bref tout ce qui fait la matière du combat spirituel que l'homme doit livrer quotidiennement. Pour faire taire ces bruits parasites, pour consumer au feu de la douce flamme de l'Esprit-Saint, le silence constitue l'antidote suprême. » (p. 128) L'auteur montre que dans notre monde ultra-technicisé et affairé le bruit fatigue et rend malade : « L'homme est constamment agressé par des images, des lumières et des couleurs qui le rendent aveugle. Sa demeure intérieure est violée par des images malsaines et provocatrices de la pornographie, de la violence bestiale, et de toutes les obscénités mondaines qui agressent la pureté du cœur en s'y infiltrant à travers la porte du regard. » (p.61) Nous sommes distraits par mille choses perturbantes. Le vacarme intérieur rend tout silence impossible. Le bruit est un anxiolytique trompeur, addictif et mensonger. Le bruit pénètre aussi dans l'Église. Le cardinal indique les trésors que le ce silence dévoile : le mystère et le sacré. Il invite à réhabiliter le silence au cœur des liturgies. « Le bruit est un viol de l'âme, le bruit est la ruine 'silencieuse' de l'intériorité. » (p.124) Sans silence il n'y a ni repos, ni sérénité, ni vie intérieure et paix.

Combien Pascal avait raison d'écrire dans ses Pensées : « Tout le malheur des hommes vient d'une seule chose, qui est de ne pas savoir demeurer en repos dans sa chambre. » Sur le simple plan physique, l'homme ne peut trouver le repos que dans le silence. Les plus belles choses de la vie ont lieu dans le silence.

Dans le chapitre « *Le silence de Dieu face au déchaînement du mal* » le cardinal Sarah traite de la Shoah et des autres tragédies qui torturent les nations, les tragédies intimes vécues par les malades. Il parle du silence de Dieu, au cœur des douleurs humaines qui est « un silence aimant et proche de la souffrance ». En face du mal, il n'y a qu'une seule attitude : le combat et la résistance. « La prière doit être une forme de résistance pour éloigner les difficultés. Elle permet de revêtir l'armure de Dieu. L'homme se tourne humblement vers Dieu pour qu'il intervienne en sa faveur. » (p.225) « Souvent, l'homme oublie que Dieu est présent. S'il est incroyant, il considère que Dieu n'existe pas. S'il a une foi attiédie par le temps et l'atmosphère sécularisée, il se désespère en pensant que Dieu l'a abandonné. Mais le Père reste avec lui malgré toutes les dénégations possibles. » (p.227)

Le silence est une ouverture à l'espérance. « Le christianisme permet à l'humanité d'avoir une vision plus simple, plus sereine et plus silencieuse de la mort, loin des cris, des pleurs et du désespoir. » (p.280) Il invite à tourner le regard vers le Christ et vers Marie, debout au pied de la croix.

Dans le dernier chapitre le cardinal Sarah a su convaincre le prieur Dom Dysmas de Lassus, ministre général de l'ordre des chartreux, de communiquer au lecteur le goût de ce grand silence qui enveloppe la vie des moines, jusqu'au cœur de l'obscurité de la nuit. Un entretien sans précédent, à trois voix, mené par Nicolas Diat. Les moines chartreux ne recherchent pas le silence, mais l'intimité avec Dieu par les moyens du silence. Dom Dysmas de Lassus parle plus volontiers d'un Dieu caché que d'un Dieu silencieux. Tout est paradoxal dans la relation avec Dieu : présence et paradoxe dans la relation avec Dieu. Le fruit du silence, c'est d'apprendre à discerner sa voix, même si elle garde toujours son mystère. Découvrir Dieu en nous et nous en Dieu... Le silence est la condition pour s'ouvrir aux grandes réponses qui nous seront données après la mort. L'âme de l'ordre des chartreux, c'est la soif de Dieu. Il résume : « Nous portons en nous l'attente de l'humanité qui, sans le savoir, a soif de Dieu quand elle aspire à la paix, à la justice et à l'amour. » (p.360)

La force du silence a une hauteur spirituelle remarquable qui nous fait entrer dans le cœur du mystère de Dieu. Sur plusieurs points, le cardinal Sarah fait penser à Benoît XVI, façonné par la tradition bénédictine, vivant en quasi-ermite au Vatican et tellement libre par rapport aux fureurs mondaines qui viennent faire le siège de l'âme. Le pape émérite écrit : « Nous vivons dans une société dans laquelle chaque espace doit être rempli par des activités, souvent nous n'avons pas le temps d'écouter. N'ayons pas peur de faire silence à l'extérieur et au-dedans de nous-mêmes, si nous voulons être capables de percevoir la voix de Dieu. »

Tous ceux qui ont goûté le silence, aspirent à l'entendre de nouveau. C'est le cas du cardinal Sarah qui, jeune archevêque de Conakry, avait pris l'habitude de s'isoler : « Je m'étais créé un désert intérieur. Il n'y avait aucune présence humaine. Je vivais dans le jeûne, la prière, simplement nourri par l'eucharistie. » Original, non ?

Anatomie et physiologie du Cœur de Dieu

Texte biblique

« *Venez à moi, vous tous qui peinez et ployez sous le poids du fardeau, et moi je vous procurerai le repos.* » (Mt 11, 28)

De la Règle de Vie des Prêtres du Sacré-Cœur de Jésus

Cet Institut trouve son origine dans l'expérience de foi du Père Dehon. C'est celle même que saint Paul a exprimée ainsi : « *Ma vie présente dans la chair, je la vis dans la foi au Fils de Dieu qui m'a aimé et s'est livré pour moi.* » (Ga 2, 20).

Le Côté ouvert et le Cœur transpercé du Sauveur sont pour le Père Dehon l'expression la plus évocatrice d'un amour dont il expérimente la présence active dans sa propre vie.

RV, 2

*

Découvrir la source de notre guérison

Si Dieu est Amour et que l'homme est créé à son image et à sa ressemblance, comment se fait-il que l'on ne puisse dire aussi que l'homme est Amour ? Là est bien le drame en effet ! Et au mystère de la lumière s'ajoute ce mystère

d'iniquité. Pourquoi tant de rivalités, de jalousies, d'oppo-
sitions, d'affrontements, de divorces et, par-dessus tout, ce
mal absolu que sont les guerres ? A une grande solitude
s'ajoute le poids de l'indifférence. Contre la montée des
refus se dresse la vague des agressivités.

Pour découvrir Dieu qui est notre médecin et sauveur, il
faut d'abord découvrir le pouls de Dieu, qui se révèle dans
le cœur d'Adam, le cœur d'Israël, le cœur de Marie, le
cœur révélé au Calvaire, le cœur du Ressuscité. La découverte du cœur de Dieu est le chemin et le but de notre
thérapie.

En quoi consiste notre thérapie en tant que chrétien ? Il
faut se laisser aimer, puisque Dieu nous a aimés le premier. Le contempler dans son Amour incarné pour puiser
à la source de son exemple, l'imitation de cet Amour si
abondamment donné. Il faut le faire, en acte et en vérité. Il
faut vivre jusqu'à la miséricorde et le pardon dans
l'entraide, la tolérance, la patience. On ne peut le faire
sans en mourir et on ne peut accepter de mourir à soi-
même sans espérer revivre pour une plénitude d'amour à
jamais partagée.

Le cœur ouvert de Jésus Christ est l'amour manifesté et
incarné. La Sainte Écriture, les Pères de l'Église, les
théologiens, les mystiques, les saints nous disent à cet
égard leurs expériences, leurs découvertes, leurs convic-
tions, leurs illuminations. À travers ces témoignages nous
pouvons être éclairés pour avancer sur notre chemin de
vie par lui, en lui et avec lui et trouver la vraie guérison qui
se manifeste dans son AMOUR et sa VIE.

Chaque année, la liturgie se plaît à célébrer une fête qui porte le nom surprenant de « Sacré-Cœur de Jésus ». D'aucuns pourraient trouver cela un peu pieux, bien affectif, ou même assez étrange. Cette célébration dont la liturgie fait une « solennité », nous ramène pourtant au centre d'un mystère où nous est révélé le plus profond et le plus beau du « pur amour ». Du pur amour de Dieu pour nous, vu dans tout son poids de vérité historique et affective.

Le cœur de Jésus, c'est tout d'abord *le cœur d'Adam*. Même si le Verbe était, dans le commencement, Dieu créateur et Lumière du monde (Jn 1, 9). Il s'est fait chair parmi nous (Jn 1, 14). Ce fils d'Adam, fils de Dieu (Lc 3, 38), est parmi nous à la plénitude des temps (Ga 4, 4). Il a pris un corps en tout semblable au nôtre et, dans ce corps, un cœur pareil à celui de tous les hommes.

La fête du Sacré-Cœur nous rappelle d'abord cela : Jésus de Nazareth, c'est ce Dieu-fait-homme, avec un cœur de chair et de sang capable d'aimer, de vibrer, de sentir, de souffrir, de compatir. Un cœur charnel et donc mortel, faisant de lui, comme il est écrit, un grand prêtre, non pas hautain ou distant mais compatissant. Car le sanctificateur et les sanctifiés ont tous même origine. Et du fait qu'il a souffert lui-même par l'épreuve, il est capable de venir en aide à ceux qui sont éprouvés (He 2, 11-18). Voilà d'abord ainsi révélée à nos yeux, la vérité d'un Dieu qui s'est voulu, avant toute chose, semble à nous et proche de nous afin que nous sachions, en le voyant vivre et passer parmi nous, combien le Seigneur nous aime et nous attend. De tout son cœur d'homme, là où nous sommes, comme nous sommes. Il nous a rejoints, *Nouvel Adam.*

Le cœur de Jésus, c'est aussi *le cœur d'Israël*, le cœur de ce peuple biblique dont il est le descendant (Mt 1, 1-17). Ce cœur marqué d'espérance, comme celui des prophètes ; chargé de foi, comme celui des justes ; empreint de sagesse et de prière, comme celui des psalmistes et des prêtres ; un cœur rempli d'humilité. Le cœur que Joseph, par qui il est dit fils de David (Mt 1, 6 ; 21, 9), a éduqué, enseigné, façonné, en faisant de lui un homme respectueux de la Loi, venu non pas pour abolir mais pour l'accomplir (Mt 5, 17) ; et ramenant par là même, comme il est écrit, le cœur des pères vers leurs fils et le cœur des fils vers leurs pères (Ml 3, 24 ; Lc 1, 17). Il est venu chez les siens ; et même si les siens ne l'ont pas reçu (Jn 1, 11), il les aima, eux qui étaient dans ce monde, il les aima de tout son cœur, il les aima jusqu'à la fin (Jn 13, 1). A commencer par les brebis perdues de la maison d'Israël (Mt 15, 24).

Le cœur de Jésus, c'est aussi le *cœur de Marie.* Ce cœur qui, étant né d'une vierge immaculée (première rachetée, en anticipation, par la grâce de sa Rédemption), n'a hérité d'aucun péché. Un cœur pur et innocent, cause d'aucun mal. Un vrai cœur d'homme certes, bien marqué de la race d'Israël, mais reflet direct de la grâce originelle. Un cœur doux et humble, pacifique, miséricordieux, affamé et assoiffé de justice, saint et pur. Un cœur tout auréolé de la Gloire divine et que tout, spontanément, orientait, comme celui de Marie sa mère méditant et conservant tout dans son cœur, vers la louange de Dieu et la volonté du Père.

Le cœur de Jésus, c'est aussi *le cœur révélé au Calvaire*, ce cœur gonflé de tous les désirs de l'homme, tenté en tout, mais ne succombant jamais ; pécheur en rien, mais chargé de tous les péchés du monde ; et que nous avons conduit jusqu'à la tristesse et l'angoisse à Gethsémani (Mt 26, 37). Ce cœur mis à nu par le dépouillement, la dévêture de son corps sur la croix, et que le coup de lance du soldat est venu révéler à nos yeux jusqu'en son ultime profondeur : C'est ce cœur transpercé par nos péchés, mais d'où ont jailli l'eau de tous nos baptêmes et le sang de toutes nos eucharisties, avec une telle vivacité et une telle abondance (Jn 19, 34) que nous n'en finirons jamais de contempler le Transpercé (Jn 19, 36). « *Voici le cœur qui a tant aimé les hommes* », révèlera-t-il un jour à sainte Marguerite-Marie qui aura la grâce bouleversante de le contempler, « *et qui en est si peu aimé* ».

Le cœur du Christ, c'est donc aussi *le cœur du Ressuscité*. Ce cœur resté ouvert et qui aurait dû être laissé mort, mais qui a fait de lui, le Vivant, le Premier-né d'entre les morts (Col 1, 18) et les prémices de tous ceux qui se sont endormis (1 Co 15, 20). C'est le cœur glorieux que l'apôtre Thomas a pu voir et qui, sans qu'il ait eu à le toucher, l'a touché, lui, au point de le faire s'écrier : Mon Seigneur et mon Dieu ! (Jn 20, 28). C'est le cœur qui bat aujourd'hui dans la lumière et la tendresse de l'amour trinitaire, car c'est en lui qu'habite désormais la plénitude de la divinité (Col 2, 9). C'est le cœur du Christ Seigneur qui demeure avec nous jusqu'à la fin des temps (Mt 28, 20) et nous répète chaque jour, comme le jour de son dernier adieu : Courage ! J'ai vaincu le monde (Jn 16, 32). Car c'est le cœur du Christ, le Fils du Dieu vivant (Mt 16, 16).

Nous arrivons par là au bout de la montée. Le cœur de Jésus-Christ, c'est le *cœur de Dieu*. Le cœur de Dieu contemplé dans toute la splendeur de son amour. De cet amour dont la hauteur, la longueur, la largeur et la profondeur nous sont révélées, mais qui pourtant dépasse toute connaissance. Car nous sommes aimés d'un amour sans mesure ! Aussi immense que durable, aussi infini qu'éternel. L'amour divin de notre Dieu que nous ne finirons jamais de contempler.

« Celui qui s'avance en ce partage d'amour comme dans une ténèbre lumineuse, dit saint Grégoire de Nysse, comprend de mieux en mieux que sa vraie connaissance et sa vraie vision consistent dans le 'non-saisi'. Il va toujours de commencement en commencement par des commencements qui n'ont jamais de fin. Et c'est ainsi qu'il entre – par le chemin du cœur – et s'enfonce de plus en plus dans la joie du Seigneur. »

Approchons pas à pas de cette fin sans fin. Cœur sacré de Jésus, rends mon cœur semblable au tien ![1]

---

[1] Frère Pierre- Marie Delfieux, *Le cœur ouvert de Jésus Christ*, dans Sources vives, nr 105, Le Cœur, page 61-65.

Cœur mauvais, cœur nouveau[1]
Le cœur de l'homme d'après le livre de Jérémie

Texte biblique

« *Mais ce peuple a un cœur rétif et rebelle ; ils reculent, ils s'en vont.* »   Jr 5, 23

De la Règle de Vie des Prêtres du Sacré-Cœur de Jésus

Le Père Dehon est très sensible au péché qui affaiblit l'Église, surtout de la part des *âmes consacrées*.

Il connaît les maux de la société ; il en a étudié attentivement les causes, au plan humain, personnel et social.

Mais il voit la cause la plus profonde de cette misère humaine dans le refus de l'amour du Christ.

Saisi par cet amour méconnu, il veut y répondre par une union intime au Cœur du Christ, et par l'instauration de son Règne dans les âmes et dans la société.

RV, 4

*

---

[1] Sœur Marie-Laure, *Cœur mauvais, cœur nouveau*, dans *Sources vives*, Le cœur, nr 105, pages 27-37

Pathologie et thérapie du cœur humain

Il existe deux sortes de malades : il y des malades qui se rendent compte de leur maladie et ceux qui l'ignorent. Il y a aussi deux sortent de chrétiens : des chrétiens qui se rendent compte de leur péché et ceux qui ne le savent pas ou ne veulent pas le savoir. La question que nous devons nous poser comme examen de conscience : Qu'est-ce que le cœur de l'homme ? Quel est ce cœur qui doit être transformé ? Qu'est-ce qui doit être purifié chez l'être humain ? Dans la Bible, le concept du cœur correspond au centre de vie intérieure. Il inclut notre intelligence, notre volonté et nos émotions. Saint Paul utilise le terme « homme intérieur ». C'est l'expression de l'être humain avec ses sentiments, sa capacité de raisonnement et la faculté qu'il possède de prendre des décisions. Saint Augustin commente le psaume 11, 7 : « *Les paroles du Seigneur sont les paroles pures* » de la façon suivante : « *Ces paroles sont pures, parce que le déguisement ne les a point altérées. Beaucoup prêchent la vérité, mais non d'une manière pure, car ils l'échangent contre les avantages de ce monde.* »

Le pape François
et les 15 maladies spirituelles qui affectent l'Église

Le 22 décembre 2014, dans un discours retentissant à la curie romaine, le pape François dénonçait « 15 maladies » affectant l'Église catholique, et en particulier ses instances de gouvernement. Des propos rafraîchissants qui, comme beaucoup l'ont justement noté, ne sont pas sans rappeler les critiques de notre collectif à l'égard de certaines communautés.

Nous publions ici la partie centrale du discours. L'intégralité du discours est disponible sur le site du Vatican.

La maladie de se croire « immortel », « immunisé » voire même « indispensable », au point de négliger les contrôles nécessaires et habituels. Une Curie qui ne s'autocritique pas, qui ne se met pas à jour, qui ne cherche pas à s'améliorer... est un corps malade. Il suffit d'aller dans un cimetière pour voir les noms de tant de personnes, dont certaines se croyaient certainement immortelles, immunisées et indispensables ! C'est la maladie de l'homme riche et insensé de l'Évangile qui pensait vivre éternellement (cf. Lc 12, 13-21) et aussi de ceux qui deviennent des petits chefs, qui se sentent supérieurs au reste du monde, au lieu de se mettre au service des autres. Cette maladie provient généralement d'une pathologie du pouvoir, du « complexe des élus », du narcissisme de celui qui regarde sa propre image avec passion et ne sait plus voir l'image de Dieu imprimée sur le visage des autres, en particulier des plus faibles et des plus nécessiteux. L'antidote à cette épidémie est la grâce de se savoir pécheurs et de dire avec tout son cœur : « Nous sommes des serviteurs inutiles : nous n'avons fait que notre devoir » (Lc 17, 10).

1. *La maladie du « marthalisme »* (qui vient de Marthe) qui consiste en une activité excessive : c'est-à-dire de ceux qui se noient dans le travail et qui négligent inévitablement « la meilleure part » : s'asseoir aux pieds de Jésus (cf. Lc 10, 38-42). C'est la raison pour laquelle Jésus a

demandé à ses disciples de « se reposer un peu » (cf. Mc 6, 31), parce que négliger le repos nécessaire conduit au stress et à l'agitation. Le temps du repos, pour celui qui a accompli sa mission, est une nécessité, un devoir, et doit être vécu sérieusement : il s'agit de passer un peu de temps avec ses proches et de respecter les jours de vacances comme autant d'occasions pour se ressourcer spirituelle-ment et physiquement. Il faut se souvenir de ce que le Qohéleth nous enseigne : « Il y a un temps pour tout » (cf. Qo 3, 1-15).

2.   Il y a aussi *la maladie de la « pétrification » mentale et spirituelle* : c'est-à-dire la maladie de ceux ont un cœur de pierre et une « nuque raide » (cf. Ac 7, 51-60). Ce sont ceux qui perdent petit à petit la sérénité intérieure, la vivacité et l'audace, et finissent par se cacher derrière la paperasse. Ces gens ne sont plus « des hommes de Dieu », mais des « machines » (cf. He 3, 12). Qu'il est dangereux de perdre la sensibilité humaine qui nous permet de pleurer avec ceux qui pleurent et de nous réjouir avec ceux qui se réjouissent ! C'est la maladie de ceux qui ont perdu « les sentiments de Jésus » (cf. Ph 2, 5-11) parce que leurs cœurs, au fil du temps, se sont endurcis et qu'ils sont devenus incapables d'aimer le Père et leur prochain sans condition (cf. Mt 22, 34-40). Être chrétien, cela signifie en effet « avoir les mêmes sentiments qui sont dans le Christ Jésus » (Ph 2, 5), des sentiments d'humilité et de don de soi, de détachement et de générosité.

3.   *La maladie de la planification excessive et du fonctionnarisme.* Quand l'apôtre planifie tout minutieuse-

ment et s'imagine qu'en faisant une parfaite planification, les choses avancent réellement, il devient un comptable ou un simple commercial. Il est nécessaire de bien faire son travail, mais sans tomber dans la tentation de vouloir enfermer ou contrôler la liberté de l'Esprit Saint, laquelle demeure toujours plus grande, plus généreuse que toute les planifications humaines (cf. Jn 3, 8). On attrape cette maladie parce qu'il « est toujours plus facile et plus commode de s'installer dans ses propres positions statiques et inchangées. En réalité, l'Église est fidèle à l'Esprit Saint dans la mesure où elle n'a pas la prétention de le diriger ni de le domestiquer... – domestiquer l'Esprit Saint ! – Lui qui n'est que fraîcheur, fantaisie, nouveauté ! »

4.   *La maladie de la mauvaise coordination.* Cela arrive quand les membres du corps perdent la communion entre eux, et que le corps, privé de son fonctionnement harmonieux et de sa tempérance, devient un orchestre qui ne produit que du bruit, parce que ses membres ne collaborent plus ensemble et ne vivent pas dans un esprit de communion et d'équipe. C'est comme si le pied disait au bras : « je n'ai pas besoin de toi » ou que la main disait à la tête : « c'est moi qui commande », causant ainsi embarras et scandales.

5.   Il y a aussi *la maladie d'« Alzheimer spirituel »* : autrement dit le fait d'oublier « l'histoire du salut », d'oublier son histoire personnelle avec le Seigneur, d'oublier « le premier amour » (Ap 2, 4). Il s'agit d'un déclin progressif des facultés spirituelles qui, à plus ou moins long terme, peut provoquer de graves handicaps chez la

personne, la rendant incapable d'exercer une activité auto-
nome et vivant recroquevillée sur ses opinions, la plupart
du temps imaginaires. Nous voyons une telle chose chez
ceux qui ont perdu la mémoire de leur rencontre avec le
Seigneur ; chez ceux qui ne perçoivent pas le sens
deutéronomique de la vie ; chez ceux qui sont totalement
dépendants de leur présent, de leurs passions, caprices et
manies ; chez ceux qui construisent autour d'eux des murs
et des habitudes et deviennent de plus en plus esclaves des
idoles qu'ils ont sculptées de leurs propres mains.

6. *La maladie de la rivalité et de la vanité.* Cette maladie arrive quand l'apparence, les couleurs des vêtements et
les signes honorifiques deviennent le premier objectif de la
vie, oubliant les paroles de saint Paul : « Ne soyez jamais
intrigants ni vaniteux, mais ayez assez d'humilité pour
estimer les autres supérieurs à vous-mêmes. Que chacun
de vous ne soit pas préoccupé de ses propres intérêts ;
pensez aussi à ceux des autres » (Ph 2, 3-4). C'est la
maladie qui nous conduit à être des hommes et des
femmes faux et à vivre un faux « mysticisme », un faux
« quiétisme ». Saint Paul définit ces gens comme des
« ennemis de la croix du Christ » parce qu'ils « se vantent
de ce dont ils devraient avoir honte et ne pensent qu'aux
choses de la terre » (Ph 3, 18-19).

7. *La maladie de la schizophrénie existentielle.* C'est la
maladie de ceux qui mènent une double vie, fruit de
l'hypocrisie typique du médiocre et du vide spirituel
progressif qu'aucun diplôme ou titre académique ne peut
combler. Une maladie qui frappe souvent ceux qui,

abandonnant le service pastoral, se limitent aux tâches bureaucratiques et perdent ainsi le contact avec la réalité, avec les personnes concrètes. Ils se créent ainsi un monde parallèle, où ils mettent de côté tout ce qu'ils enseignent sévèrement aux autres et où ils commencent à vivre une vie cachée et souvent dissolue. La conversion est urgente et indispensable pour lutter contre cette grave maladie (cf. Lc 15, 11-32)

8. *La maladie des rumeurs, des médisances et des commérages.* J'ai déjà parlé à de nombreuses reprises de cette maladie, mais peut-être pas encore assez. C'est une maladie grave, qui commence de façon anodine, peut-être juste pour faire un brin de causette, et qui s'empare de la personne, portant celle-ci à devenir un « semeur de zizanie » (comme Satan), et dans beaucoup de cas à « tuer de sang-froid » la réputation de ses propres collègues et confrères. C'est la maladie des personnes lâches qui, n'ayant pas le courage de parler en face des gens, parlent dans leur dos. Saint Paul nous met en garde : « Agissez-en tout sans murmurer et sans hésiter afin d'être irréprochables et purs » (Ph 2, 14-18). Frères, gardons-nous du terrorisme des bavardages !

9. *La maladie de ceux qui divinisent les chefs.* C'est la maladie de ceux qui courtisent leurs supérieurs, en espérant gagner ainsi leur bienveillance. Ce sont des victimes du carriérisme et de l'opportunisme, qui préfèrent honorer les personnes plutôt que Dieu (cf. Mt 23, 8-12). Ces personnes effectuent leur service en pensant uniquement à ce qu'ils peuvent obtenir, et non à ce qu'ils doivent donner.

Ce sont des personnes mesquines, malheureuses et inspirées seulement par leur petit égoïsme fatal (cf. Ga 5, 16-25). Cette maladie peut également toucher les supérieurs lorsque ces derniers courtisent certains de leurs collaborateurs pour obtenir leur soumission, leur loyauté et leur dépendance psychologique, mais il en résulte au final une véritable complicité.

10. *La maladie de l'indifférence à l'égard des autres.* Cette maladie arrive quand chacun ne pense qu'à soi et perd la sincérité et la chaleur des relations humaines. Quand le plus expert ne met pas sa connaissance au service des collègues moins experts. Quand on apprend quelque chose et qu'au lieu de le partager avec les autres, on le garde pour soi. Quand, par jalousie ou par esprit retors, on éprouve de la joie à voir l'autre tomber au lieu de le relever et de l'encourager.

11. *La maladie du visage d'enterrement.* C'est la maladie des personnes grincheuses et sinistres, qui s'imaginent que pour être sérieuses il faut arborer un visage de mélancolie, de sévérité, et traiter les autres – surtout ceux que l'on considère comme inférieurs – avec rigidité, dureté et arrogance. En réalité, la sévérité théâtrale et le pessimisme stérile sont souvent des symptômes de peur et d'insécurité. L'apôtre doit s'efforcer d'être une personne courtoise, sereine, enthousiaste et joyeuse qui transmet la joie là où il se trouve. Un cœur empli de Dieu est un cœur heureux qui irradie et communique sa joie à tous ceux qui l'entourent : cela se voit tout de suite ! Ne perdons donc pas cet esprit joyeux, plein d'humour, et même d'autodérision, qui font

de nous des personnes aimables même dans les situations difficiles. Quel bien nous fait une bonne dose d'humour sain ! En ce sens, réciter souvent la prière de saint Thomas More peut nous faire le plus grand bien : je la récite tous les jours, et cela me fait du bien.

12. *La maladie de l'accumulation.* Cette maladie arrive lorsque l'apôtre cherche à combler un vide existentiel dans son cœur en accumulant des biens matériels, non par nécessité, mais seulement pour se sentir en sécurité. En réalité, nous ne pourrons rien emporter avec nous car « le linceul n'a pas de poches » et tous nos trésors terrestres – même les cadeaux – ne pourront jamais combler ce vide. Au contraire, cela ne fera qu'attiser ce manque, que rendre le trou encore plus profond. À ces personnes, le Seigneur rappelle : « Tu dis : 'Je suis riche, je me suis enrichi, je ne manque de rien', et tu ne sais pas que tu es malheureux, pitoyable, pauvre, aveugle et nu ! [...]. Sois donc fervent et convertis-toi » (Ap 3, 17-19). L'accumulation ne fait que nous alourdir et ralentir inexorablement notre chemin ! Je pense à une anecdote : Autrefois, les jésuites espagnols décrivaient la Compagnie de Jésus comme étant la « cavalerie légère de l'Église ». Je me souviens de ce jeune jésuite qui déménageait : alors qu'il était en train de charger dans un camion tout ce qu'il avait – bagages, livres, objets, cadeaux –, un vieux jésuite qui l'observait lui a dit : « Alors c'est ça la 'cavalerie légère de l'Église' ? » C'est lors de nos déménagements qu'apparaissent les signes de cette maladie.

13. *La maladie des cercles fermés.* Cette maladie arrive quand l'appartenance à un petit groupe devient plus forte que celle due au Corps et, dans certaines situations, au Christ lui-même. Cette maladie commence aussi par de bonnes intentions, mais au fil du temps, elle asservit ses membres, devient un cancer qui menace l'harmonie du Corps et cause beaucoup de mal – de scandales –, spécialement à nos frères les plus petits. L'autodestruction ou les « tirs ami » de ses compagnons est le danger le plus insidieux. C'est un mal qui frappe de l'intérieur ; et, comme dit le Christ, « tout royaume divisé contre lui-même court à sa ruine » (Lc 11, 17).

14. Enfin la dernière : *la maladie du profit mondain, du besoin de se mettre en avant.* Cette maladie arrive quand l'apôtre transforme son service en pouvoir, et son pouvoir en marchandise pour obtenir des profits mondains, ou davantage de pouvoirs. C'est la maladie des personnes qui cherchent insatiablement à multiplier les pouvoirs et à cette fin, ils sont capables de calomnier, de diffamer, de discréditer les autres, jusque dans les journaux et les magazines. Tout cela, bien sûr, dans le seul but de se mettre en avant et de montrer qu'ils sont plus doués que les autres. Cette maladie fait elle aussi beaucoup de mal au Corps parce qu'elle conduit les personnes à justifier l'usage de n'importe quel moyen pour atteindre leur but, souvent au nom de la justice et de la transparence ! Il me vient à l'esprit le souvenir d'un prêtre qui appelait les journalistes pour leur raconter – et inventer – des choses privées et indiscrètes sur ses confrères et sur ses paroissiens. Pour

lui, seul comptait le fait de se voir à la une des journaux, parce qu'ainsi il se sentait « puissant et impérieux », causant beaucoup de mal aux autres et à l'Église. Pauvre homme !

15. Telle est la situation de notre cœur. En fait, Dieu est (le) seul capable de faire une transplantation de notre cœur. Il a la délicate tâche d'extirper mon cœur et de le remplacer par un autre qui sera complètement neuf. Dans l'Ancien Testament, Dieu fait la déclaration suivante : « *Je leur donnerai un même cœur, et je mettrai en eux un esprit nouveau ; j'ôterai de leur corps le cœur de pierre, et je leur donnerai un cœur de chair* » (Ez 11, 19).

Anamnèse

« *Écoute Israël : Tu aimeras le Seigneur ton Dieu de tout ton cœur, de toute ton âme et de tout ton pouvoir* » (Dt 6, 5). L'alliance, telle qu'elle est définie au Sinaï, unit à un Dieu qui s'engage tout entier, un peuple à qui il est demandé de se donner tout entier. Face au Dieu-Père qui choisit Israël comme « *son fils bien-aimé* » (Ex 4, 22), à ce Dieu fidèle qui « *garde son amour pour mille générations* » (Dt 7, 9), à ce Dieu Époux qui élit Israël comme son « *trésor* », son bien propre (Ex 19, 5), tout l'amour du peuple est requis. Un amour qui doit traverser son être – cœur, âme et pouvoir, c'est-à-dire toutes ses facultés intellectuelles, affectives, actives – et l'unifier dans sa marche sur la voie unique qu'a tracée Dieu, sans qu'il ne s'écarte ni à droite ni à gauche » (Dt 5, 32). Le chemin de l'unité cependant paraît bien abrupt à l'homme versatile et l'un des ressorts de l'histoire d'Israël, telle que la relit l'Écriture, réside dans l'écart constant entre le dessein de Dieu et le désir de l'homme : un cœur partagé. « Ce peuple est près de moi en paroles et m'honore de ses lèvres, mais son cœur est loin de moi » (Is 29, 13). Et cette infidélité qui le déporte loin du Seigneur, source de vie, ne peut engendrer que mort et destructions.

Comment purifier ce qui est double, redresser ce qui est faux ? Comment changer le cœur endurci en un cœur docile, « aux mains du Seigneur qui l'incline à son gré comme l'eau courante » (Pr 21, 1) ? Tel est l'un des axes du ministère des prophètes qui sans fin appellent à vivifier l'alliance. Telle est, plus particulièrement, une des questions posées par Jérémie, qui épouse en son propre cœur la douleur du Seigneur bafoué et la souffrance du peuple bientôt châtié. A travers ses avertissements et ses menaces, ses protestations d'amour et ses emportements, se trace le chemin que doit prendre l'homme au cœur mauvais pour revenir à Dieu et recevoir de lui un cœur nouveau.

« Le cœur de l'homme est compliqué et malade »

Le constat de Jérémie, qui a été envoyé par le Seigneur pour crier aux oreilles de Jérusalem « *son amour délaissé* » (Jr 2,2), est radical. Si le peuple a oublié « *l'affection de sa jeunesse, l'amour de ses fiançailles* » (Jr 2, 2), s'il est rebellé pour s'offrir aux idoles (Jr 2, 20), il n'y a pas là faute transitoire, accident malheureux. Il n'y a pas là péché passager qui pourrait être effacé par le repentir, comme l'espérait encore Sophonie : « *Recherchez la justice, recherchez l'humilité : peut-être serez-vous à l'abri au jour de la colère du Seigneur* » (So 2, 3). Non, il y là quelque chose de beaucoup plus massif et essentiel. « Chacun de vous se conduit selon l'obstination de son cœur mauvais, sans écouter. » (Jr 16, 12) Quelque chose qui est devenu inhérent à la nature même de l'homme : « *Le cœur est compliqué et malade, qui peut le pénétrer.* » (Jr 17, 9)

Aussi les sursauts d'Israël dans les moments de détresse, ses protestations de fidélité envers Dieu quand le danger menace et que tout lui fait défaut, demeurent éphémères. « *Tu es près de leur bouche, mais loin de leurs reins* » (Jr 12, 2). Foncièrement, le peuple « *possède un cœur dévoyé et rebelle* » (Jr 5, 23), un cœur « obstiné » (Jr 9, 13 ; 13, 10...) qui, depuis le commencement, s'est détourné de l'alliance : « *Ils n'ont pas écouté ni prêté l'oreille ; ils ont marché selon leurs desseins, dans l'obstination de leur cœur mauvais, tournés vers l'arrière et non vers l'avant.* » (Jr 7, 24) Un cœur qui se révèle à nouveau incapable d'écouter, c'est-à-dire de s'ouvrir aux avertissements du Seigneur rappelés par son prophète : « *Maintenant, parle donc ainsi aux hommes de Juda et aux habitants de Jérusalem : « Ainsi parle le Seigneur. Voyez, je prépare contre vous un malheur, contre vous je vous médite un plan. Détournez-vous donc chacun de votre voie mauvaise, améliorez vos voies et vos œuvres`. Mais ils vont dire : 'Inutile ! Nous suivrons nos propres plans ; chacun agira selon l'obstination de son cœur mauvais'.* » (Jr 18, 11-12).

L'homme s'est-il en fait sérieusement engagé dans l'alliance ? Il en porte la marque en son corps, la circoncision prescrite par la loi de Moïse. Mais le signe est-il devenu efficient ? A-t-il informé toute sa personne ? *« Leur oreille est incirconcise, ils ne peuvent pas être attentifs »* (Jr 6, 10). Le respect formel de la loi, ne tente-t-il pas de cacher l'infidélité profonde ?

Mais comment guérir cette indocilité foncière que la minutie des observances de la loi n'a pu réduire, pas plus que ne l'entame la menace du châtiment imminent ? Comment Israël retrouverait-il son innocence, *« l'amour des fiançailles »*, si le passage par le désert n'a su le purifier ?

« Répands ton cœur comme de l'eau »

C'est pourtant bien à une conversion radicale qu'il faut se livrer pour appartenir au Seigneur. Car ce ne sont pas des observances extérieures qu'il demande, ce Dieu qui s'est engagé par amour, ni même une adhésion fidèle à une doctrine : ce qu'il demande, c'est que lui soit rendu amour pour amour ; ce dont il a soif, c'est du don total du cœur de l'homme, son fils, son bien-aimé. Et malgré son amour bafoué, blessé, qui lui fait dresser de rudes constats - *« comme une femme trahit son compagnon, ainsi m'avez-vous trahi, maison d'Israël »* (Jr 3, 20) -, malgré son incompréhension devant l'ingratitude, la légèreté de son aimé – *« Ils m'ont abandonné, moi la source d'eau vive, pour creuser des citernes lézardées qui ne tiennent pas l'eau »* (Jr 2, 13) -, parmi reproches et menaces, bouleversante est la supplication : *« Revenez, fils rebelles... »* 3, 14). Dieu supplie son peuple de se convertir, au sens propre de lui revenir et pour cela, de retrouver son cœur : « *Purifie ton cœur du mal, Jérusalem, afin d'être sauvée. Jusques à quand abrite-ras-tu en ton sein tes coupables pensées ?* » (Jr 4, 14). L'alliance qu'il avait cru pouvoir passer des lèvres seulement, doit le consacrer tout entier à son Dieu, et jusqu'au plus profond du cœur : « *Circoncisez-vous pour le Seigneur, ôtez le prépuce de votre cœur* » (Jr 4, 4). La conversion que réclame ainsi Jérémie, a donc tout du passage par la mort : elle exige le sacrifice du cœur mauvais pour que puisse advenir le cœur aimant.

Saint Augustin a commenté le verset 1 du psaume 140 « *Délivrez-moi Seigneur, de l'homme mauvais* » d'une façon intéressante : « Si donc tu dis de tout ton cœur : « *Délivrez-moi, Seigneur, de l'homme mauvais* », suppose que Dieu te demande : Duquel ? Tu répondras : de Gaïus, de Lucius, de je ne sais quel autre ennemi. Mais, reprendra le Seigneur : Tu ne me parles pas de toi ? Si tu veux te délivrer de l'homme mauvais, il faut d'abord te délivrer de toi-même. Le méchant te fait souffrir, garde–toi d'avoir à souffrir de ta propre méchanceté. Examinons si cet homme mauvais trouve en toi matière à te tourmenter. Que te fera-t-il si tu n'es pas mauvais toi-même ! Ne te laisse pas dominer par l'avarice, ni fouler aux pieds par la concupiscence, ni briser par la colère. Voilà tes ennemis intérieurs. Ne te blesse pas toi-même, et comment te nuira alors un mauvais voisin, un maître mauvais, un homme influent mauvais : comment te nuiront-ils. En faisant du mal à Etienne, les Juifs l'ont comblé de biens. Ainsi quand tu demandes à Dieu de te délivrer de l'homme mauvais, ne t'oublie pas, ne t'épargne pas, demande-lui de te délivrer de toi.[2] »

Dans cette perspective, tout est renouvelé ; les fondements traditionnels de la foi d'Israël en sont ébranlés : il n'est plus besoin de temple ni de roi issu de David. Dieu n'est pas enfermé en une construction humaine ni cantonné en une terre, fût-elle sainte. C'est le sens de la terre qu'adresse Jérémie aux exilés, partis en déportation à Babylone : « *Bâtissez des maisons et installez-vous ; plantez des jardins et mangez leurs fruits* » (Jr 29, 49). Car Dieu peut être trouvé partout, en quelque terre que l'on vive, puisque c'est d'abord au fond du cœur qu'il désire habiter : « *Vous m'invoquerez et vous viendrez, vous me prierez et vous me trouverez, car vous me rechercherez de tout votre cœur : je me laisserai trouver par vous.* » (Jr 19, 12-14)

« J'écrirai ma loi sur leur cœur »

Dieu seul peut transformer le cœur de l'homme gagné par le mal jusqu'à la racine. Dieu seul peut le recréer dans la justice et la vérité : « *Je leur donnerai, dit-il des exilés, un cœur pour connaître que je suis le Seigneur : Ils seront mon peuple et moi, je serai leur Dieu* » (Jr 24, 7). De même que le Seigneur s'était manifesté sur la montagne du Sinaï, dans la flamme et la nuée, pour remettre à Moïse les deux tables de pierre de la loi, « *écrites du doigt de Dieu* » (Ex 32,

---

[2] Saint Augustin, *Sermons sur l'Écriture. Les deux aumônes du chrétien*, page 34.

18), de même, dans l'abaissement de l'exil, le Seigneur se manifeste pour instaurer une alliance nouvelle : « *Je mettrai ma loi au fond de leur être et je l'écrirai sur leur cœur. Alors je serai leur Dieu et eux seront mon peuple. Ils n'auront plus à instruire chacun son prochain, chacun son frère, en disant : 'Ayez la connaissance du Seigneur !' Car tous me connaîtront des plus petits aux plus grands.* » (Jr 31, 32-34) Plus profondément que la pierre, la Parole de Dieu est gravée « *sur les tables de chair, sur les cœurs* » (2 Co 3, 3). Plus fortement que dans l'éclair et le tonnerre, la Parole de Dieu résonne au fond du cœur recréé, avec une puissance renouvelée à la mesure de l'abîme qu'a creusé le péché. Et alors même qu'elle semble ne plus concerner la communauté rassemblée, mais chaque homme qui tisserait avec son Dieu une alliance toute intérieure et personnelle, voilà qu'en même temps elle reforme la fraternité : « *Alors ils seront mon peuple et je serai leur Dieu. Je leur donnerai un seul cœur et une seule manière d'agir, de façon qu'ils me craignent toujours, pour leur bien et celui de leurs enfants après eux* » (Jr 32, 38-39). Tant sont liées les deux tables, celle des commandements envers Dieu et celle des commandements envers le prochain. Tant le chemin le plus sûr de l'homme à l'homme passe par Dieu, seule source et garant de fraternité.

« En mon cœur comme un feu dévorant »

Jérémie est « *connu* » par Dieu « *avant d'être formé au ventre maternel* » et le connaissant, « *consacré* » *avant même d'être sorti du sein* » (Jr 1, 5). Il avait connu la joie d'appartenir à Dieu, la joie d'une vie orientée par ses commandements, nourrie de la Parole : « *Quand tes paroles se présentaient, je les dévorais : ta parole était mon ravissement et l'allégresse de mon cœur. Car c'est ton Nom que je portais.* » (Jr 15, 16) En lui pouvait se nouer, dans l'amour partagé, la nouvelle alliance écrite sur le cœur, qui livre tout entier l'homme à son Dieu : « *Toi, Seigneur, tu me connais, tu me vois, tu éprouves mon cœur qui est avec toi.* » (Jr 12, 3)

Mais c'est sans compter avec sa mission prophétique qui le fait communier profondément aux souffrances de son peuple, tant il le sait rebelle, sourd au message qu'il lui porte, et promis à la mort prochaine par l'épée et la faim. Il est cet homme d'entre le peuple qui se lamente avec lui : « *Sans remède la peine m'envahit, le cœur me manque... Qui changera ma tête en fontaine et mes yeux en source de larmes, que je pleure nuit et jour les tués de la fille de mon peuple.* » (Jr 8, 18.23) Et il est aussi le confident, le messager de Dieu, qui voit, plus loin, les malheurs qui approchent. C'est finalement au tréfonds de son cœur que le combat a son enjeu ; là que, dans sa soumission totale et amoureuse à Dieu, dans son déchirement, il enfante obscurément le peuple nouveau. Le cœur de Jérémie devient le creuset où naîtra l'homme nouveau, purifié par la défaite et l'exil. Et malgré sa fidélité personnelle, il sera solidaire du destin du peuple, jusque dans sa mort obscure en Égypte, là même où Dieu s'était manifesté pour établir son élection d'amour.

Dans ce compagnonnage vers la mort où lui seul sait que pointe une reconnaissance, il connaît rejets et humiliations, il vit les étapes de sa passion : il doit porter un joug, il est enfermé dans un cachot, interné dans le cœur de garde, jeté dans une citerne emplie de vase. Lui, le plus solidaire d'une violence dont il est innocent, il est le plus repoussé. Mais lui le plus solidaire à cause du Seigneur, il est aussi le plus comblé par son amour qui lui devient sensible au cœur : « *Tu m'as séduit Seigneur, et je me suis laissé séduire... La parole du Seigneur a été pour moi source d'opprobre et de moquerie tout le jour. Je disais :' Je ne penserai plus à lui, je ne parlerai plus en son Nom' ; mais c'était en mon cœur comme un feu dévorant, enfermé dans mes os. Je m'épuisais à le contenir mais je n'ai pas pu.* » (Jr 20, 7.9)

En Jérémie, l'élu de Dieu, qui s'est fait pécheur avec les pécheurs, se dessine déjà la figure de l'Agneau de Dieu qui, par sa mort humiliée, rouvrira les sources de la vie. Cœur ouvert de Dieu : cœur brûlant de l'homme où l'Esprit vient demeurer pour répandre l'amour.

Humilité
Entraînement permanent pour le corps et l'âme

Texte biblique

Voici les exhortations que j'adresse aux anciens qui sont parmi vous, moi ancien comme eux, témoin des souffrances de Christ, et participant de la gloire qui doit être manifestée : Paissez le troupeau de Dieu qui est sous votre garde, non par contrainte, mais volontairement, selon Dieu ; non pour un gain sordide, mais avec dévouement ; non comme dominant sur ceux qui vous sont échus en partage, mais en étant les modèles du troupeau. Et lorsque le souverain pasteur paraîtra, vous obtiendrez la couronne incorruptible de la gloire. De mêmes, vous qui êtes jeunes, soyez soumis aux anciens. Et tous, dans vos rapports mutuels, revêtez-vous d'humilité ; car Dieu résiste aux orgueilleux, mais il fait grâce aux humbles. Humiliez-vous donc sous la puissante main de Dieu, afin qu'il vous élève au temps convenable ; et déchargez-vous sur lui de tous vos soucis, car lui-même prend soin de vous. Soyez sobres, veillez. Votre adversaire, le diable, rôde comme un lion rugissant, cherchant qui il dévorera. Résistez-lui avec une foi ferme, sachant que les mêmes souffrances sont imposées à vos frères dans le monde. Le Dieu de toute grâce, qui vous a appelés en Jésus Christ à sa gloire éternelle, après que vous aurez souffert un peu de temps, vous perfectionnera lui-

*même, vous affermira, vous fortifiera, vous rendra inébran-
lables. A lui soit la puissance aux siècles des siècles ! Amen*

1 P 5, 1-11

De la Règle de Vie des Prêtres du Sacré-Cœur de Jésus

La vie réparatrice sera parfois vécue dans l'offrande des
souffrances portées avec patience et abandon, même dans
la nuit et la solitude, comme une éminente et mystérieuse
communion aux souffrances et à la mort du Christ pour la
rédemption du monde.

*« Je trouve la joie dans les souffrances que je supporte
pour vous : car ce qu'il reste à souffrir des épreuves du
Christ, je l'accomplis dans ma propre chair, pour son corps
qui est l'Église. »* (Col 1, 24)

RV, 18

*

La bénédiction de l'humilité

L'humilité joue un rôle capital dans notre vie spirituelle.
Pourquoi ? Le mot « humilité » vient du mot « humus »
qui rappelle notre fragilité physique. Ce mot vient
directement du latin « humilis », qui traduit l'hébreu
« anar » signifiant le « courbé », le « pauvre » qui s'en
remet entièrement à l'action de l'Esprit Saint. On peut
noter enfin la convergence avec humour, expression
d'origine historique. L'humilité n'est pas une vertu morale
de modestie ou d'effacement. Elle est l'attitude essentielle

de la créature libre qui se reçoit de Dieu. C'est une composante de l'amour. L'amour est humble et l'humilié est aimante. C'est la vertu évangélique par excellence. Dans la tradition monastique nous trouvons le chapitre 7 de la Règle de Saint Benoît entre l'évocation du publicain et la dernière phrase de la parabole de l'Évangile de Saint Luc : « *Qui s'élève sera abaissé et qui s'abaisse sera élevé.* »

Saint Benoît parle de l'échelle de l'humilité. Cette échelle qui nous relie à Dieu est composée d'échelons, car c'est par degrés que nous allons à Dieu, et ces degrés sont des degrés d'obéissance qui nous entraînent corps et âme dans cette montée qui souvent nous apparaîtra comme une descente, un enracinement, parfois un enterrement. Car l'humilité est réaliste. Ce chemin qui nous prépare à l'accomplissement de notre humanité en Christ ne nous fait perdre en rien le conditionnement de la vie présente. L'humilité nous fait progresser dans notre humanité en nous donnant de nous conformer toujours davantage à notre nature, en nous aidant à habiter la terre, mais en épousant le dynamisme déposé au cœur de l'homme et qui tend vers son épanouissement dans le Christ, jusqu'à la stature de l'Homme parfait. Celui qui s'est livré tout entier à l'humilité est rempli de Dieu lui-même puisque Dieu est Humilité. Il s'identifie donc à lui. Il est en Dieu et Dieu est lui. L'humilité nous suffit à nous rendre bien proches du cœur de Dieu !

Le chemin de l'humilité
selon la règle de saint Benoît dans le chapitre 7

1. Relation avec Dieu
2. Relation avec moi-même
3. Relation avec mes proches
4. Relations avec mes propres émotions
5. Exprimer mes pensées et mes sentiments
6. Réconciliation avec ma médiocrité
7. Confrontation avec ma propre ombre
8. Être ouvert pour la réalité
9. Confrontation avec ma propre vérité
10. Incarnation de l'humilité par mon humour
11. Incarnation de l'humilité dans mon langage
12. Incarnation de l'humilité par mon expression corporelle.

*

Témoignage personnel

Pour mettre Jésus à l'épreuve, un docteur de la Loi lui posa cette question : « Maître, que dois-je faire pour avoir part à la vie éternelle ? » Jésus lui demanda : « Dans la Loi, qu'y a-t-il d'écrit ? Que lis-tu ? » L'autre répondit : « Tu aimeras le Seigneur ton Dieu de tout ton cœur, de toute ton âme, de toute ta force et de tout ton esprit, et ton prochain comme toi-même. » Jésus lui dit : « Tu as bien répondu. Fais ainsi et tu auras la vie. » Mais lui, voulant montrer qu'il était un homme juste, dit à Jésus : « Et qui donc est mon prochain ? » *Jésus reprit : « Un homme descendait de Jérusalem à Jéricho, et il tomba sur des bandits ; ceux-ci, après l'avoir dépouillé, roué de coups, s'en allèrent en le laissant à moitié mort. Par hasard, un prêtre descendait par ce chemin ; il le vit et passa de l'autre côté. De même un lévite arriva à cet endroit ; il le vit et passa de l'autre côté. « Mais un Samaritain, qui était en voyage, arriva près de lui ; il le vit et fut saisi de pitié. Il s'approcha, pansa ses plaies en y versant de l'huile et du vin ; puis il le chargea sur sa propre monture, le conduisit dans une auberge et prit soin de lui. Le lendemain, il sortit deux pièces d'argent, et les donna à l'aubergiste, en lui disant : 'Prends soin de lui ; tout ce que tu auras dépensé en plus, je te le rendrai quand je repasserai.' Lequel des trois, à ton avis, a été le prochain de l'homme qui était tombé entre les mains des bandits ? » Le docteur de la Loi répondit : « Celui qui a fait preuve de bonté envers lui. » Jésus lui dit : « Va, et toi aussi, fais de même. »*

Lc 10, 25-37

Comme aumônier de l'hôpital d'Esch-sur-Alzette, c'est avec reconnaissance et respect devant les personnes rencontrées que je passe en revue les seize années que j'y ai travaillé. Dans le contexte d'une globalisation de plus en plus prononcée, il ne suffit pas de voir en l'homme uniquement un appareil physiologique, il faut également tenir compte de ses composantes spirituelles. Aucun aspect de la vie ne doit être négligé. La dimension spirituelle n'est pas à côté de l'homme, quelque part dans les nuages éloignés, elle fait plutôt partie intégrante de l'existence humaine et de son histoire.

Accompagner spirituellement les personnes, ne veut pas dire les presser dans un cadre rigide, mais bien au contraire les aider à développer leurs aspirations profondes à la vie et à l'amour.

Le terrain de mon activité comme aumônier, c'est le domaine de la liberté de l'homme. L'accompagnement spirituel est une offre, et je suis étonné de voir comment cette offre fait éclater des cadres trop rigides.

Que la spiritualité fasse vraiment partie de la vie, c'est là une leçon que m'apprennent tous les jours les malades, aussi ceux qui sont plutôt critiques par rapport à l'Église ou ceux qui se désignent eux-mêmes comme agnostiques ou athées. C'est spécialement d'eux que j'ai beaucoup appris : par leur remise en question, ils me poussent à aller à ce qui est essentiel à toute spiritualité. Les personnes qui ont librement décidé d'être accompagnées cherchent un soutien moral, de la consolation et de l'encouragement. Voilà pourquoi il est important que je sois d'abord homme, et non pas un représentant d'une quelconque institution. Je souligne fortement ma position : que le malade pratique sa religion ou non ne joue pour moi aucun rôle, car je crois découvrir chez tout homme le mystère de la transcendance, cette dimension divine, ou pour le dire avec les mots de Jean Vanier : « Toute vie est une histoire sacrée. »

Par son aspiration aux valeurs qui lui sont sacrées, la personne humaine se réfère pour ainsi dire à trois sanctuaires :

1. Toute personne humaine a un nom, un visage ; elle est unique au monde et ne peut être confondue avec une autre. Elle veut être reconnue et acceptée comme telle. C'est pourquoi elle recherche un vis-à-vis et veut vivre des relations.

2. Toute personne humaine veut grandir et être le coauteur de l'histoire de sa vie. Nous désirons nous réaliser avec les autres et pour les autres, nous voulons être créatifs. Cette vérité n'est pas une découverte de la psychologie moderne, on la trouve déjà sur la première page de la bible : L'homme est créé à l'image de Dieu : Être vivant veut dire pouvoir grandir.

3. Toute personne humaine a des racines : elle veut être reconnue, se savoir acceptée, connaître sa place dans la vie et en saisir le sens.

Si on regarde ces trois sanctuaires - le nom, la créativité, les racines - d'un peu plus près, il ne faut pas être un spécialiste de la culture chrétienne pour remarquer que la foi en Dieu ouvre à l'homme ces trois sanctuaires. Dans mes entretiens avec les malades, je m'appuie souvent sur le principe de Hans Küng qui affirme que chaque religion est composée de foi, de superstition et d'incroyance. Toute spiritualité doit se dégager de la superstition et de l'incroyance, pour donner place aux trois sanctuaires. Ce qui veut dire : Devant Dieu, j'ai un nom, je suis libre pour faire le bien, je peux grandir, j'ai des racines, un sens et un but dans la vie. Ainsi comprise, la foi n'est pas simplement une affirmation théorique, mais bien une expérience vécue, qui me fait vivre et me donne espoir contre tout désespoir.

Permettez-moi de vous parler d'un accompagnement qui montre bien que l'homme n'a pas seulement à apprendre de l'Église, mais que l'Église peut aussi apprendre de l'homme. Une jeune femme de 35 ans savait qu'il y avait un aumônier pour l'unité de soins palliatifs. Elle me faisait appeler et je l'ai visitée. Parce qu'elle avait des difficultés respiratoires, je ne restais pas très longtemps auprès d'elle pour ne pas la fatiguer trop. Par après, elle fit la remarque au médecin et au personnel que l'aumônier n'était pas resté longtemps auprès d'elle. Le personnel me le faisait savoir. Je suis retourné auprès de la malade. Elle voulait m'entendre parler de mon travail. Je lui disais comment je voyais ma fonction comme aumônier dans cette unité de soins palliatifs. Toute attentive, la femme me disait : « La médecine palliative souligne la qualité de vie. Je sais que cela est bien, mais en ce qui me concerne concrètement : que veut dire pour moi qualité de vie, si je sais que je dois mourir ? En d'autres termes que reste-t-il lorsqu'il ne reste plus rien ? » Je lui demandai si elle était croyante Elle me dit que oui. Elle avait le profond désir d'entrer en harmonie avec elle-même et avec Dieu pour trouver la véritable paix. Je lui ai donné le sacrement des malades, et je lui ai fait comprendre que pour le chemin de la vie nous avons besoin de nourriture, de pain, sinon nous n'arriverons pas à faire ce chemin. Et elle a communié.

Plus tard le médecin m'a dit que cette femme avait été libérée et pouvait se préparer pour le chemin vers l'éternité. Le jour suivant, elle est décédée, dans la paix. Peu avant sa mort, elle avait noté son expérience que je veux vous communiquer : « Dieu m'a montré le chemin, et ce n'est pas à vous de le barrer. »

Je n'ai trouvé nulle part une meilleure explication de ce que c'est que l'accompagnement spirituel.

Cet accompagnement a bien sa place dans l'unité de soins palliatifs, car la dimension spirituelle de l'homme ne peut être négligée.

Éducation aux valeurs dehoniennes pour une nouvelle évangélisation

Texte biblique

Jésus vint à Nazareth, où il avait grandi. Comme il en avait l'habitude, il entra dans la synagogue le jour du sabbat, et il se leva pour faire la lecture. On lui présenta le livre du prophète Isaïe. Il ouvrit le livre et trouva le passage où il est écrit : L'Esprit du Seigneur est sur moi parce que le Seigneur m'a consacré par l'onction. Il m'a envoyé porter la Bonne Nouvelle aux pauvres, annoncer aux prisonniers qu'ils sont libres, et aux aveugles qu'ils verront la lumière, apporter aux opprimés la libération, annoncer une année de bienfaits accordée par le Seigneur. Jésus referma le livre, le rendit au servant et s'assit. Tous, dans la synagogue, avaient les yeux fixés sur lui. Alors il se mit à leur dire : « Cette parole de l'Écriture, que vous venez d'entendre, c'est aujourd'hui qu'elle s'accomplit. » Tous lui rendaient témoignage ; et ils s'étonnaient du message de grâce qui sortait de sa bouche. Ils se demandaient : « N'est-ce pas là le fils de Joseph ? » Mais il leur dit : « Sûrement vous allez me citer le dicton : 'Médecin, guéris-toi toi-même. Nous avons appris tout ce qui s'est passé à Capharnaüm : fais donc de même ici dans ton pays !' » Puis il ajouta : « Amen, je vous le dis : aucun prophète n'est bien accueilli dans son pays. En toute vérité, je vous le déclare : Au temps du prophète Élie, lorsque la sécheresse et la famine ont sévi pendant trois ans et demi, il y avait beaucoup de veuves en Israël ; pourtant Élie n'a été envoyé vers aucune d'entre elles, mais bien à une veuve étrangère, de la ville de Sarepta, dans le pays de Sidon. Au temps du prophète Élisée, il y avait beaucoup de lépreux en Israël ; pourtant aucun d'eux n'a été purifié, mais bien Naaman, un Syrien. » A ces mots, dans la synagogue, tous devinrent furieux. Ils se levèrent, poussèrent Jésus hors de la ville, et le menèrent jusqu'à un escarpement de la colline où la ville est construite, pour le précipiter en bas. Mais lui, passant au milieu d'eux, allait son chemin.

Luc 4, 16-30

De la Règle de Vie des Prêtres du Sacré-Cœur de Jésus

La Congrégation suscitée et envoyée par l'Esprit

La Congrégation des Prêtres du Sacré-Cœur de Jésus a été fondée en 1878 à Saint-Quentin par le Père Jean-Léon par un Institut religieux apostolique vivant de son inspiration évangélique.

Elle est appelée à faire fructifier ce charisme selon les exigences de l'Église et du monde.

RV, 1

*

Vivre l'Évangile dans l'aujourd'hui de Dieu

Nous vivons une époque bouleversée dans notre monde et dans l'Église. Il n'y a pas de jour, on n'entend pas le mot « crise ». Ce n'est pas facile pour vivre sa vocation chaque jour. Nous constatons que la pratique religieuse baisse. Cela a pour conséquence que la fréquentation des sacrements a fortement diminué. Tant de catéchèses en Europe atteignent en certains secteurs les pourcentages les plus bas. Effondrement du nombre des vocations sacerdotales. Et surtout, perte des références et des valeurs qu'un dogme de foi ne porte plus, qu'une morale évangélique ne soutient pas.

A prospecter dans bien d'autres domaines, le bilan pourrait encore facilement s'alourdir. Mais à quoi bon épiloguer. Après 21 siècles de christianisme, on ne peut manquer de s'interroger. Chaque époque a eu ses drames, ses lourdeurs, ses lenteurs. La nôtre, loin de là, ne fait pas d'exception à la règle.

L'homme est souvent réduit à la dimension horizontale. L'homme unidimensionnel, l'homme producteur et consommateur perd son équilibre. L'homme d'aujourd'hui a beaucoup de maladies. Il faut qu'il regagne son équilibre entre les dimensions horizontale et verticale. Dans tout homme, il y en a une soif infinie. Il faut que l'homme soit restauré dans son humanité. Restaurer l'homme signifie guérir son déséquilibre, par exemple entre le travail et le silence. C'est fatal pour une société si le dimanche perd sa dimension religieuse. Sans le dimanche, sans la dimension religieuse et humaine, l'homme est absorbé par la dimension horizontale, qui ne donne pas de réponse à sa soif infinie.

En tant que Prêtre du Sacré-Cœur je me demande souvent quelle importance ont les vertus théologales, la foi, l'espérance et la charité dans notre vie et dans notre société. Nous constatons une forte tendance vers l'athéisme où Dieu n'existe pas, et si Dieu devait exister quand-même, il ne devrait plus avoir une référence et une influence sur notre vie.

Le manque de foi ou la perte de la foi me rappelle les arythmies cardiaques. Il y a beaucoup de gens qui ont des arythmies cardiaques et qui peuvent bien vivre avec les symptômes. La même chose avec le manque de la foi et la perte de la foi. Finalement c'est le dogme d'une société sécularisée.

Je rencontre aussi des gens qui sont aigris, qui ont un cœur dur et stupide, qui voient uniquement leur petit coin de vie et qui ne veulent rien savoir de la solidarité humaine. En un mot : Il existe aussi des gens qui n'ont pas de charité. Je compare la perte de la charité avec un infarctus. Mais un infarctus est aussi réparable. Donc : Il n'est jamais trop tard pour qu'un cœur dur ne puisse se convertir à un cœur de chair, à un cœur plein de charité.

Mais il existe un phénomène dans notre société qui est beaucoup plus grave que les arythmies et les infarctus. C'est le phénomène de la perte de l'espérance. Quand on perd l'espérance, c'est mortel.

Dans ce contexte-là nous avons besoin du retour des valeurs, comme la colombe de Noé annonce des jours meilleurs. Toute forme de vie consacrée exige par sa nature même de faire confiance. Pour entrer dans la vie religieuse, pour y faire profession, pour s'épanouir et y parcourir un chemin de sainteté, il faut faire confiance. Et la renouveler chaque jour : confiance en Dieu, en Sa parole, en Sa promesse, en Son appel, en Sa fidélité, en Sa volonté de mener à son terme ce qu'il a commencé en chacun, bref, en un mot, en Son amour.

Cette confiance filiale en Dieu fonde la confiance dans l'Église de Dieu, dans l'Église voulue par Dieu, aimée de Dieu, « *mon Église* », nous dit Jésus (Mt 16, 18). C'est de cette confiance en l'Église que découle la confiance dans les charismes au sein de l'Église, et plus spécifiquement, la confiance dans une communauté donnée, animée par un charisme précis.

Je vais parler de la confiance telle qu'elle pourrait se vivre dans la vie religieuse. La spiritualité dehonienne veut nous ouvrir un chemin de confiance en nous rappelant que l'amour de Dieu nous précède toujours. Notre spiritualité est enracinée dans l'Écriture et elle est pleine de bon sens, de richesse, d'humanité. Est-ce que les gens de l'extérieur voient en nous un signe et un instrument de Dieu et un signe de communion et de réconciliation ? Chacun de nous est invité à prendre l'initiative. Chacun est appelé à la liberté, à la persévérance et à la fidélité. La confiance, telle qu'elle est inscrite au cœur de notre charisme, touche la vie fraternelle ; non seulement à bannir méfiance et suspicion, mais surtout à croître, pas à pas. La vie fraternelle est une splendide école pour apprendre à aimer et à pardonner, pour apprendre ce qu'est la vraie confiance, fondée sur la confiance en Dieu, et pour la rayonner. La vie religieuse nous entraîne vers une obéissance adulte dans un climat de liberté et de confiance.

Sans confiance, sans espérance, notre vie dehonienne est morte. Avec confiance, avec espérance, il nous est permis de découvrir et de déployer les charismes que le Seigneur nous confie pour le bien de tous. La peur, le manque de confiance en soi bloquent l'épanouissement des charismes. La confiance donnée et redonnée nous permet au contraire de nous manifester pour l'identification de la communauté. Là où « la confiance règne », les personnalités peuvent s'affirmer dans leur belle originalité. C'est une des tâches les plus belles pour un Supérieur Provincial avec son conseil que d'apprendre à faire confiance aux confrères, prenant et reprenant le risque de l'amour.

Une parenthèse : Le Pape Benoît XVI a dit le 25 septembre 2011 à Fribourg en Allemagne que l'Église doit se démondialiser (entweltlichen) : « *Pour correspondre à sa véritable tâche, l'Église doit toujours de nouveau faire l'effort de se détacher de sa 'mondanité' pour s'ouvrir à Dieu. C'est ainsi qu'elle suit les paroles de Jésus : Ils ne sont pas du monde, comme moi je ne suis pas du monde. (Jn 17, 16), et c'est ainsi qu'elle se donne au monde* ». Est-ce que nous en tant que Prêtres du Sacré-Cœur ne sommes pas trop absorbés par le monde (confusion) ou bien, est-ce que nous sommes trop à l'écart, tandis que certaines communautés nouvelles ont probablement mieux connu les signes du temps pour y répondre.

Comme piste de réflexion je propose la présence dehonienne dans les nouvelles formes de communications, mais sans oublier les pauvres, les démunis qui n'ont pas beaucoup de communication.

Communication – communion – évangélisation

Texte biblique

Je vous exhorte donc, moi le prisonnier dans le Seigneur, à marcher d'une manière digne de l'appel dont vous avez été appelés, avec toute humilité et douceur, avec patience, vous supportant les uns les autres dans l'amour, vous appliquant à garder l'unité de l'Esprit par le lien de la paix. Il y a un seul corps et un seul Esprit, comme aussi vous avez été appelés pour une seule espérance de votre appel. Il y a un seul Seigneur, une seule foi, un seul baptême. Il y a un seul Dieu et Père de tous, qui est au-dessus de tous et parmi tous et en tous.

Ep 4, 1-6

Ne laissez aucune parole blessante franchir vos lèvres, mais seulement des paroles empreintes de bonté. Qu'elles répondent à un besoin et aident les autres à grandir dans la foi. Ainsi elles feront du bien à ceux qui vous entendent. N'attristez pas le Saint-Esprit de Dieu car, par cet Esprit, Dieu vous a marqués de son sceau comme sa propriété pour le jour de la délivrance finale. Amertume, irritation, colère, éclats de voix, insultes : faites disparaître tout cela du milieu de vous, ainsi que toute forme de méchanceté. Soyez bons et compréhensifs les uns envers les autres. Pardonnez-vous réciproquement comme Dieu vous a pardonnés en Christ. »

Ep 4, 29-32

De la Règle de Vie des Prêtres du Sacré-Cœur de Jésus

À la suite du Père Dehon, nous avons mission de témoigner de l'amour du Christ, dans un monde en recherche d'une unité difficile et de relations nouvelles entre les personnes et les groupes.

Notre célibat consacré nous fait participer à la construction d'une humanité nouvelle, ouverte sur la communion dans le Royaume.

RV, 43

*

La pathologie des embolies

Les symptômes d'une embolie pulmonaire sont connus : un caillot de sang (ou thrombus) est formé le plus souvent dans les veines des membres inférieurs (phlébite) vers la circulation artérielle pulmonaire où il se retrouve piégé. L'obstruction d'une ou plusieurs branches de l'artère pulmonaire s'accompagne de façons diverses de manifestations d'essoufflement (dyspnée), d'une accélération de la fréquence cardiaque (tachycardie), de douleurs thoraciques, d'une toux irritative avec parfois des crachats sanglants. Les embolies pulmonaires les plus graves peuvent être responsables de syncope, d'une chute de tension sévère (état de choc), et parfois de mort subite.

L'embolie fait appel à différents examens : Certains d'entre eux comme la radiographie du thorax, l'électrocardiogramme, la gazométrie sanguine sont des examens pour faire le diagnostic. Le traitement de l'embolie pulmonaire dépend de la gravité (taille et localisation du caillot) et de l'état de santé du patient. Le principal traitement d'une embolie pulmonaire est l'anticoagulant qui a pour fonction de limiter la coagulation du sang et donc la formation du caillot.

L'Église connaît aussi le risque de subir une embolie pulmonaire. Des caillots de sang existent dans l'Église quand des obstacles gênent la circulation dans la *communio*. Saint Paul parle d'amertume, irritation, colère, éclats de voix, injures, de toute espèce de méchanceté. Pour faire le diagnostic une radiographie correspond à un examen de conscience : Où sont les caillots qui empêchent la communication dans la *communion* ecclésiale ?

On doit tout faire pour garder l'unité dans le corps mystique qui est l'Église. Cela signifie qu'il faut vivre chaque jour le commandement de l'amour, être tourné vers le Christ qui purifie les « artères ». Saint Paul dit : *« En toute humilité et douceur, avec patience, supportez-vous les autres dans l'amour, appliquez-vous à garder l'unité de l'esprit par le lien de la paix »* (Ep 4, 2). Effective-ment : *« Garder l'unité de l'esprit par le lien de la paix »* est la meilleure prophylaxie contre l'embolie pulmonaire.

Avant d'aborder la question de l'évangélisation il est sans doute nécessaire de s'entendre sur le sens que nous donnons au mot „communication". Il est de la vocation du chrétien de communiquer. Non comme un choix possible, mais parce que communiquer est l'essence même de l'Église.

L'Église est, de par son existence et selon la volonté de celle qui donne vie, communication. Elle est communication parce que communion. Ce sont les sacrements qui nourrissent cette communication et l'Eucharistie en tout premier lieu. Tout acte de communication qui ne vise pas la communion, qui n'y conduit pas, est perversion.

L'Église, par vocation, ne peut être tournée vers elle-même, mais vers les autres : vers ce que chaque chrétien côtoie tous les jours. Une Église « forteresse » serait infidèle à la vocation donnée par le Christ aux chrétiens.

Être média de Dieu

Saint Pierre dit : « *Chacun d'entre vous doit être en mesure de communiquer l'Espérance qui est en lui, mais il le fera avec douceur et respect.* » La première évangélisation se vit et se fait dans et par la communauté. Une communauté qui n'évangélise pas, une communauté qui est sourde aux appels du Christ, est une communauté stérile, pour ne pas dire morte ! Dieu ne cesse de s'adresser à son peuple, d'appeler des jeunes et des moins jeunes au sacerdoce, à la vie religieuse. Comment expliquer que les communautés chrétiennes ne parviennent pas toujours à être le creuset dans lequel vont naître et grandir ses vocations ? Silence de Dieu ou surdité des hommes ? Chaque chrétien est un média de Dieu. Chaque communauté est un média de Dieu !

C'est d'abord en faisant découvrir aux chrétiens ce que doit être la communication au sein même de leur communauté, et plus largement au sein de la communauté ecclésiale, qu'ils seront encouragés à affronter généreusement le défi de l'évangélisation par les médias.

La qualité de la communication externe est intrinsèquement liée à la qualité de la communication interne et donc au rayonnement de la communion de la communauté. On ne peut être un témoin authentique que de ce que l'on vit. La question de l'évangélisation par les médias vient en second lieu.

L'aréopage d'aujourd'hui

Quand saint Paul arrive à Athènes, vers l'an 51, c'est pour annoncer à toute la ville le Christ ressuscité : il va directement parler sur l'aréopage qui est le lieu où tout le monde passe pour s'informer. L'aréopage aujourd'hui, la place publique des temps modernes, c'est la télévision et l'internet. Là aussi on doit retenir la Parole de vie.

La présence des chrétiens dans l'univers des médias non confessionnels ne dépend pas uniquement de leur volonté. C'est plus aux sollicitations qui leur sont adressées qu'ils peuvent répondre ou non. On peut le déplorer, mais c'est ainsi.

Que demande-t-on à un missionnaire qui doit se rendre sur une terre inconnue ? Il devra se familiariser avec la culture du pays où il ira vivre, et apprendre la langue que l'on y parle. Les médias sont comme un nouveau continent à évangéliser.

Pour se préparer à être un bon communicateur, le chrétien doit être, en quelque sorte, un médiateur entre la Parole et le monde dans lequel il vit. « La Bible dans une main, le journal dans l'autre ». Connaître la Parole et connaître le monde, aimer la Parole et aimer le monde. Ce sont les conditions sine qua non ! La prière est également indispensable. En n'oubliant jamais que l'on n'est pas seul, et en se laissant habiter par humilité qui dicta ces paroles à sainte Bernadette : » Je ne suis pas chargée de vous le faire croire, mais de vous le dire. »

Dans une émission de télévision, sur une radio, l'essentiel est d'être ce qu'on est. On ne peut pas tricher ! Il importe de ne pas se situer en donneur de leçons. Il s'agit de partir de là où en sont les interlocuteurs, et si l'on souhaite les conduire plus loin, marcher à leur pas. L'Église est à la fois faible et forte. Elle est faible des faiblesses des hommes qui s'incarnent en ce siècle, est forte de l'esprit qui l'anime. Nous n'avons pas à nier cette réalité. Entre le petit David et le grand Goliath, ce sera toujours le petit David qui attirera la sympathie. C'est lui qui est sorti vainqueur de la lutte.

Bien sûr, lorsqu'on est invité à participer à une émission, il y des précautions à prendre. Quel genre d'émission ? Qui sera présent ? Qu'est-ce qu'on attend de nous ? Il y des cas où il faut décliner l'invitation, même si la politique de la chaise vide n'est pas la meilleure. Si l'on accepte, ne pas apporter des textes à lire, se montrer détendu souriant, ne pas répondre à l'agressivité. À la télévision, ce n'est pas tant ce qu'on va dire qui compte que la façon de le dire.

Le témoignage sera admis si le chrétien ne cache pas sa foi, et s'il témoignage sans arrogance : sans vouloir imposer quoi que ce soit autour de lui. Il s'attirera peut-être des sarcasmes, mais il le sait d'avance puisque le Christ l'en avertit dans l'Évangile ; et si cela arrive, ce sera la preuve que le chrétien est encore crédible. L'accusera-t-on l'intolérance parce qu'il vit de sa Foi, et qu'il en témoigne ? Cette accusation-là serait un non-sens ! L'intolérance ne consiste pas témoigner de ses propres choix, mais à prétendre les imposer aux autres, ce qui est tout à fait différent. Si l'on devait se mettre à considérer comme « intolérance » le simple fait d'émettre un désaccord, alors notre société installerait l'intolérance au nom de la tolérance, ce qui serait un paradoxe.

Si le monde médiatique se comporte comme un magistère, s'il édicte les normes du bien et du mal, c'est lui qui devient intolérant : d'autant plus qu'il évince – ou qu'il combat – tous les autres magistères.

Communiquer Jésus-Christ

L'Église doit-elle posséder ses propres médias ? Des journaux diocésains, des radios, des sites internet, aujourd'hui une télévision... ? Ma réponse est oui ! La communication ne va cependant pas régler tous les problèmes. La place qu'elle occupe dans notre société contraint l'Église à en tenir compte et à voir comment elle peut mieux témoigner de Jésus Christ. La communication permanente n'est pas la panacée. Pour l'Église, il ne s'agit pas seulement de donner des informations, mais aussi à répondre à une mission qui est la sienne, être témoin de la bonne nouvelle de l'Évangile.

Prêtres du Sacré-Cœur – évangélisateurs ?

Un bref regard sur l'histoire nous donne déjà un premier élément de réponse. On peut se dire que ce sont les communautés religieuses qui ont évangélisé l'Europe et d'autres continents. L'évangélisation est la priorité des priorités dans l'Église.

Divers modes de témoignage

On évangélise tout d'abord par le témoignage de sa vie. Ceci est vrai de quiconque et de toujours à toujours. L'être prime sur le dire et le faire. En ce sens, Jésus est par excellence le témoin fidèle et parfait à jamais (Ap 1, 5 ; He 13, 8). Le propre des saints est d'avoir simplement été ce qu'ils disaient. Seule la sainteté peut donc évangéliser, parce que seule une foi vécue peut être reçue. Seule une foi opérant par la charité peut être entendue (Ga 5, 6). Cela nous met d'emblée au cœur de cette grande priorité. Ce monde si informé de tout, si averti de tout, si exercé à l'esprit critique, croit de moins en moins à ce qui ne serait que proclamation, conviction affirmée ou simplement paraître. Il veut des témoins qui n'écoutent pas seulement la parole de Dieu, mais qui en vivent. Notre première mission est de faire germer sur terre, des pousses de pureté, de simplicité, de douceur, de miséricorde et de paix. Si les Béatitudes y sont vécues au-dedans, elles se proclameront d'elles-mêmes au dehors. Rien de plus urgent donc que d'être simplement ce que l'on est. On ne peut témoigner de l'absolu de Dieu qu'en le vivant dans la totalité du don de soi, comme peut le signifier par exemple le sacrifice d'un martyr ou une profession perpétuelle. Rien n'attire plus vers Dieu qu'une vie offerte en sacrifice, redisant : Voici je viens ! (He 10, 7), avec autant d'humilité et de générosité que de joie.

On évangélise ensuite en se situant d'abord au niveau des réalités spirituelles. Il est vrai qu'il faut des chrétiens dans tous les domaines et engagés, le plus possible dans tous les secteurs de la vie sociale, familiale, profession-nelle, médiatique, politique et culturelle.

Nous sommes également appelés à évangéliser par le témoignage de l'amour partagé. Si Dieu est Dieu, seul l'Amour peut dire Dieu. La grande nouveauté perçue jadis par le monde païen s'est manifestée quand, à la vue des premières communautés chrétiennes, ils ont pu se dire : Voyez comme ils prient ; « voyez comme ils s'aiment ». C'est bien à cela que Jésus a appelé ses disciples en leur donnant ce signe (Jn 13, 35), premier et reconnaissable entre tous, pour être perçus comme ses disciples, de s'aimer les uns les autres.

C'est dire toute l'évangélisation qui peut être ainsi faite, autant aujourd'hui que jadis, car il restera toujours vrai aux yeux des hommes que l'amour seul transmet la foi.

Inversement, là où il n'y a plus d'amour, il n'y a pas de foi. Et c'est parce notre monde manque d'amour qu'il manque de foi. Il ne peut qu'être sensible à d'authentiques témoignages d'amour partagé.

Le témoignage de la prière commune est effectivement aussi une belle manière de témoigner, et elle s'adresse donc tout spécialement à ceux et celles dont le premier métier est l'oraison et la liturgie.

C'est encore par le témoignage de joie que l'évangile de Dieu peut être annoncé afin qu'il devienne pour tous l'évangile de la paix et du salut (Ep 1, 13 ; 6, 15). Si notre joie est vraie, elle se verra. Si elle se voit, elle parlera. Et quand elle parlera, ce sera pour dire de quelle source elle provient. La vigueur de nos arguments, la valeur de nos vertus, le brillant de nos paroles, le zèle de notre foi peuvent peut faire moins pour l'évangélisation de ceux qui nous abordent ou nous croisent que le rayonnement de notre joie.

Mais quelle joie ? Dans un monde en proie aux soucis de la vie (1 Co 7, 32-35), aux inquiétudes du lendemain, marqué par le malheur des temps, il faut savoir rester discret dans l'éloge de la sa joie.

La joie de la terre n'est pas encore la joie du ciel. Elle garde nécessairement quelque chose de contenu. La joie chrétienne est solide et profonde, mais demeure discrète, paisible et intérieure (Ac 2, 46). Et c'est ici qu'intervient le sourire. Le sourire est propre du saint. Le sourire traduit au dehors cette paix, cette foi, cet amour qui habite l'âme au-dedans.

N'oublions pas que l'on débute par l'évangélisation de ceux qui nous sont proches et que l'on doit y revenir sans cesse. Il y autour de nous tout un monde d'assoiffés qui attendent d'être abreuvés, mais aussi nourris, revêtus, guéris, libérés et visités par le Christ. Ainsi sommes- nous instamment invités par notre Mère l'Église à nous situer dans la ligne de ce qu'elle appelle l'urgence de la nouvelle évangélisation. Dans ce domaine, on ne saurait oublier l'impératif qui est aussi le nôtre, d'être présents et agissants dans le domaine de la culture.[1]

---

[1] Cf. *Sources vives* nr 99: *Vivre la nouvelle évangélisation*, pages 59-77, Mgr Jean-Michel di Falco, *L'évangélisation par les médias.*

« Sortez de vos sacristies ! »

Texte biblique

« *Maintenant, Israël, que demande de toi l'Éternel, ton Dieu ? N'est-ce pas que tu craignes l'Éternel, ton Dieu, afin de marcher dans toutes ses voies, que tu aimes et serves l'Éternel, ton Dieu, de tout ton cœur et de toute ton âme, que tu respectes les commandements de l'Éternel et ses prescriptions que je te donne aujourd'hui, afin d'être heureux ? Voici, c'est à l'Éternel, ton Dieu, qu'appartiennent le ciel et les cieux des cieux, la terre et tout ce qu'elle contient, et c'est à tes ancêtres seulement que l'Éternel s'est attaché pour les aimer. Après eux, c'est leur descendance, c'est vous qu'il a choisis parmi tous les peuples, comme vous le voyez aujourd'hui. Circoncisez donc votre cœur et ne vous montrez plus réfractaires. En effet, l'Éternel, votre Dieu, est le Dieu des dieux, le Seigneur des seigneurs, le Dieu grand, fort et redoutable. Il ne fait pas de favoritisme et n'accepte pas de pot-de-vin, il fait droit à l'orphelin et à la veuve, il aime l'étranger et lui donne de la nourriture et des vête-ments. Vous aimerez l'étranger, car vous avez été étrangers en Égypte. C'est l'Éternel, ton Dieu, que tu craindras, c'est lui que tu serviras, c'est à lui que tu t'attacheras et c'est par son nom que tu prêteras serment. Il est ta gloire, il est ton Dieu. C'est lui qui a fait au milieu de toi les actes grands et redoutables que tes yeux ont vus. Tes ancêtres étaient au nombre de 70 lorsqu'ils sont descendus en Égypte, et maintenant l'Éternel, ton Dieu, a fait de toi une multitude aussi nombreuse que les étoiles du ciel.* »

Dt 10, 12-22

De la Règle de Vie des Prêtres du Sacré-Cœur de Jésus

La vie communautaire exige de chacun qu'il accueille les autres comme ils sont avec leur personnalité, leurs fonctions, leurs initiatives et leurs limites, et qu'il se laisse remettre en question par ses frères.

RV, 66

*

Imaginons-nous que nous vivons dans un monde qui ne nous rejoint pas du tout et auquel nous ne pouvons pas toujours réagir. Voilà la grande séparation qui existe entre le monde et la réalité extérieure chez de nombreuses personnes atteintes d'autisme. Est-ce que nous en tant qu'Église, nous ne souffrons pas aussi d'une séparation entre le monde ecclésial et la réalité extérieure ?

Le Père Dehon conseillait comme thérapie : « *Sortez de vos sacristies !* » Le clergé ne doit pas être enfermé dans l'enceinte des églises et la religion privée des sacristies. Pour faire face à la fausse conception de la religion qui la voulait enfermer dans l'espace privé, le clergé est appelé à « *sortir des sacristies* » et à faire entendre la voie politique de l'Église qui présentait déjà à l'époque, à côté de la droite et de la gauche, une troisième voie, élaborée dans ce qui devait devenir plus tard la pensée sociale de l'Église.

Par la pastorale classique, l'Église ne joignait plus que les enfants et les femmes, cette partie de la société exclue de tout pouvoir politique qui aurait pu contribuer à améliorer la situation des classes exploitées.

C'est dans ce contexte que le Père Dehon invente de nouvelles voies pour « *aller au peuple* ». Comme Prêtres du Sacré-Cœur nous sommes invités à rencontrer Dieu dans le mystère de l'étranger. Ce message est très actuel et un exercice pour entraîner la *communication* et la *communion*.

La question de l'étranger ne peut nous rester étrangère. C'est que nous sommes tous des étrangers en effet. Nous ne sommes venus en ce monde, que pour le quitter. Nous ne sommes nés sur cette terre, que pour y passer. Tous les chemins mènent partout sur cette sphère il est vrai ; mais, aucun n'aboutit vraiment quelque part. A force de tourner en rond, quel qu'en soit le sens, on finit par revenir sans cesse sur ses pas.

Voyageur et pèlerin ici-bas, nous sommes tous en transit. Notre cité est dans les cieux. Notre patrie est là-haut. Notre cité est dans les cieux. Notre vraie vie est à venir. Nous ne sommes donc nulle part chez nous, où que ce soit. En cette existence, qui doit finir et sur cette terre dont il faudra partir, on passe ! L'homme, murmure le psalmiste, ses jours sont comme l'herbe... Sur lui qu'un souffle passe. Il n'est plus. Jamais plus¨ » (Ps 103, 4).

L'Écriture Sainte et les textes patristiques, l'Évangile du Christ et la Doctrine sociale de l'Église ; la raison et la foi, la nécessité de l'heure et l'amour de toujours nous confrontent avec le mystère de l'étranger. On ne peut donc pas dire : « cela n'est pas mon domaine, ce sujet ne me concerne pas, cette réalité ne m'atteint pas ». J'essaie de consacrer ma réflexion sur le « mystère de l'étranger », de l'hôte, de l'accueil ou du non-accueil de l'étranger.

Dans l'Ancien Testament, le commandement de l'hospitalité s'affirme, déjà, avec une force extrême. Il s'appuie sur le rappel de la condition qui fut celle des Hébreux en Égypte. L'Hébreu en Égypte était traité comme un esclave. Il a fait l'expérience de l'altérité mauvaise. Qu'elle le conduise maintenant, cette expérience, cette mémoire, à faire l'expérience. Car il « ne fait acception de personne. Il fait droit à l'orphelin et à la veuve. Il aime l'aime l'étranger et lui donne pain et vêtement inverse, celle de l'altérité bonne.

« *Si un étranger séjourne chez vous, dans votre pays, vous ne le molesterez pas. L'étranger qui réside chez vous sera pour vous comme un compatriote, et tu l'aimeras comme toi-même. Car vous avez été étrangers au Pays d'Égypte* » (Lv 19, 33-34). « *Tu ne molesteras pas l'étranger ni ne l'opprimeras, car vous-mêmes avez été étrangers dans le pays d'Égypte* » (Ex 22, 20 ; 23, 9).

Mais il y a une raison plus profonde. Cette raison, c'est l'imitation du Dieu vivant. Car il « ne fait acception de personne. Il fait droit à l'orphelin et à la veuve. Il aime l'étranger et lui donne pain et vêtement » (Dt 10, 17-18). Et bien des textes de la Loi concrétisent ce devoir d'hospitalité. L'étranger, comme les Hébreux, ne travaillera pas le jour du sabbat (Ex 20, 10). Il pourra jouir des villes de refuge (Nb 35, 15). Une frange des champs et des vignes ne sera pas récoltée. Ce qui restera sera pour l'étranger (Lv 19, 10 ; 23, 22). Tous les trois ans une dîme des récoltes sera réservée pour l'étranger, la veuve, et l'orphelin. Ainsi le Seigneur ton Dieu te bénira (Dt 14, 28-29).

Le texte biblique qui illustre sans doute le mieux la grandeur et la profondeur mystérieuse de l'hospitalité, est l'accueil fait par Abraham à trois voyageurs au Chêne de Mambré (Gn 18).

L'hospitalité d'Abraham : texte maintes fois commenté par les Pères et représenté dans l'iconographie. Qui sont ces trois hommes ? Pour Abraham, dans une première lecture au premier degré pourrait-on dire, ce sont trois passants. Courir à la rencontre de ces passants accablés par la chaleur, fatigués par la marche et le sable du désert, c'est là une première signification de « Dieu se révélera ». La révélation de Dieu est inséparable du visage humain de l'autre homme qui est à accueillir.

Les Pères de l'Église, on le sait, ont fait une lecture au second degré, en voyant dans les trois hôtes mystérieux – auxquels Abraham s'adresse au singulier, et dont le texte dit, tantôt qu'ils étaient trois, tantôt un – une image de la Trinité. Et de là vient cette icône si connue de la Trinité peinte par André Roublev.

Abraham, pourvu d'une postérité, désormais, va-t-il continuer à veiller sur les habitants de Sodome, alliés de son neveu Lot, qu'il a déjà sauvés une fois, les armes à la main ? Ou, puisqu'il va apprendre qu'ils ont bien mal tourné, se désintéressera-t-il du pacte de fidélité ? On lui annonce donc qu'ils ont péché, affreusement, que le Seigneur va les exterminer, mais lui est venu dans cette terre comme un hôte, et ils ont été ses hôtes et l'hôte est et demeure sacré. Alors Abraham entre avec Dieu dans cette contestation inouïe, dans ce marchandage sublime qui bouleversait Léon Bloy. Cinquante, quarante-cinq, quarante, ou trente ou vingt, ou seulement dix justes pour que Sodome soit sauvée. Dieu accepte, mais il n'y en avait que trois.

Sodome est la cité qui s'aime elle-même, qui se refuse à la visitation des anges, des hôtes, des étrangers. Pourtant la promesse des dix demeure et peut-être les dix sont devenus un seul, c'est-à-dire justement le Christ.

Les Évangiles, en recommandant l'accueil d'autrui, soulignent avant tout la solidarité extrême enseignée par le Christ entre lui-même et l'étranger. Entre lui-même et l'étranger sans droit, sans asile, sans protection. Ce n'est plus comme dans l'antiquité païenne, parce que l'hôte est mystérieusement protégé par les dieux ; ce n'est plus comme dans l'Ancien Testament parce que l'hôte est un messager du Seigneur. C'est parce que le Verbe incarné s'est fait solidaire, par une véritable identification avec les plus humbles, les plus abandonnés, les plus perdus.

Dans la scène du jugement (Mt 25), nous voyons le Juge de l'Univers s'identifier formellement avec les malheureux du monde et les appeler « *les plus petits de mes frères* ». Il n'est pas question seulement des chrétiens, l'enseignement vise toutes les nations : c'est le Mystère du Corps du

Christ. Le Christ qui est le non-séparé. Le Christ qui englobe toute l'humanité. Le Christ qui arrache toute l'humanité à sa chute vers la mort et l'enfer. Ainsi, « *qui vous accueille, m'accueille et qui m'accueille, accueille celui qui m'a envoyé* ».

L'altérité s'enracine en Dieu même, puisque Dieu est tellement *un*, pourrait-on dire, qu'il porte en lui le Mystère de l'Autre. Accueillir l'autre, comme tel, dans l'immense unité du Corps du Christ, c'est entrer dans les espaces trinitaires. Peut-être est-ce bien là le cœur même du christianisme. Dieu s'incarnant, livré à l'hospitalité libre, et qui toujours peut être refusée de l'homme. Peut-être, celle qui justement a donné hospitalité à ce Dieu qui était comme un Roi sans cité, c'est Marie. C'est elle qui est devenue la Mère de Dieu.

Dieu respecte tellement l'homme, tellement l'autre, qu'il a voulu tel, autre, qu'il entre ainsi dans le risque, qu'il entre ainsi dans la vulnérabilité de l'amour, qu'il se laisse tuer par lui, pour lui offrir la vie, sa Vie-même, pour lui offrir la Résurrection.

Et c'est bien ce que nous trouvons dans la pratique ancienne, traditionnelle de l'Église. Saint Jean Chrysostome écrit : « Ayez une maison où le Christ trouve l'hospitalité. Voilà, direz-vous, la chambre du Christ, voilà la demeure qui est réservée ; si simple qu'elle soit, il ne la dédaignera pas. » Au deuxième siècle, dans son Apologie, Saint Justin disait de son côté : « Le Christ assiste, par l'intermédiaire du chef de communauté, les orphelins, les veuves, les malades, les indigents, les prisonniers, les hôtes étrangers. » Deux siècles plus tard, l'empereur Julien qui détestait le christianisme notait que ce qui a le plus contribué à développer l'athéisme – c'est-à-dire le christianisme – c'est l'humanité envers les étrangers.

Et c'est toute l'épopée de l'hospitalité monastique qu'il faut évoquer. Selon Ruffin, Abba Isidore avait une cellule pour les hôtes. Il y recevait et réconfortait, en toute humanité, ceux qui se présentaient. Saint Jean Cassien nous raconte que Abba Moïse conseillait de garder à la fois la tempérance et l'hospitalité nécessaire. Certes, l'hospitalité dérangera la contemplation. Mais en la personne du pauvre, de l'étranger, c'est le Christ que l'on reçoit. Il faut donc assouplir en sa faveur l'austérité du jeûne.

Un canon du Concile de Nicée, le premier Concile œcuménique, demande à chaque évêque d'ouvrir une maison pour abriter les étrangers, une maison qui sera administrée, justement, par un moine. Et dans la Règle de Saint Benoît, deux chapitres entiers sont consacrés à l'hospitalité, avec toujours le même mot : on traitera l'étranger avec toute l'humanité que l'on pourra.

Et l'hospitalité est réciproque, puisque tout chrétien est un homme en voyage, un homme en chemin et que, comme le dit l'épitre aux Hébreux, « *nous n'avons pas ici-bas de cité permanente* », mais nous recherchons celle de l'avenir.

Ce qui fait peut-être difficulté aujourd'hui, c'est que l'hospitalité, pour notre pays entre autres, n'est plus seulement un problème individuel, mais un problème collectif. Pour accueillir l'autre, pour que son altérité ne brise pas l'unité de la nation, il faut être soi-même. La crise de l'hospitalité collective aujourd'hui vient surtout d'un doute obscur de notre pays concernant sa vitalité biologique et spirituelle. C'est, dirais-je, un problème de temporalité, un problème du passé et de l'avenir, un problème de la mémoire – et surtout de la mémoire biblique et chrétienne- et un problème de l'enfant.

L'éthique de l'hospitalité : Peut-être notre dernière éthique est-elle justement une éthique de l'hospitalité. Le respect de l'autre dans son altérité. Le sens, non de l'individu, mais de la personne. L'individu est une monade close ou un ectoplasme fusionnel. La personne est à la fois distincte et en relation, une relation qui tend sans cesse à la communion. Le meilleur de notre pensée, le meilleur de notre politique même, aujourd'hui, repose sur ce respect de l'altérité, sur ce sens du dialogue. Mais – dirais-je – pourquoi ?

Ici justement intervient la foi biblique, intervient la foi évangélique. L'homme est une personne sans autre définition que d'être indéfinissable. L'homme est une énigme irréductible à tous les conditionnements de ce monde, parce qu'il est l'image de Dieu, parce qu'il est appelé par le Christ. L'homme, comme Dieu, est secret et amour.

Jésus dans l'évangile, va à l'autre, au-delà des masques, au-delà des condamnations, au-delà des tabous, au-delà des prescriptions concernant le pur et l'impur. Il va vers le résistant, le zélote, comme vers le collaborateur, le publicain. Vers la femme adultère ou la femme, qui a une perte de sang et qui est donc doublement impure. Ou qui a eu cinq maris et qui vit avec un homme qui n'est pas son mari, la Samaritaine, au puits de Jacob. Il donne souvent en exemple des Samaritains, voués à un double mépris, pour leur ethnie mélangée et leur religion impure : le métèque et l'hérétique, en quelque sorte.

Et je voudrais pour terminer, vous rappeler la parabole du bon Samaritain. Je ne la raconterai pas, vous la connaissez. J'insisterai seulement sur le retournement de la question. On a demandé à Jésus : « *Qui est mon prochain ?* » Et il dit, à la fin de la parabole : « *Qui s'est montré le prochain ?* » Ici, il faut réfléchir du double sens du mot hôte. Hôte est celui qui reçoit. Hôte est celui qui est reçu. Recevant, reçu. Accepter, refuser. Telle est bien la condition humaine. Ainsi allons-nous, déchiffrant à peine l'immense Unité du Corps du Christ.

Et je terminerai sur une parole déchirante de saint Jérôme. Il parle des livres, des beaux livres – mais ce n'est qu'un exemple, ce n'est qu'un symbole un symbole de richesse, un symbole de rassasiement, un symbole de raffinement égoïste - : « On teint le parchemin de couleur pourpre. On trace des lettres avec de l'or liquide. On revêt de gemmes les livres. Mais, tout nu devant leur porte, le Christ est en train de mourir. »[1]

---

[1] Olivier Clément, *Saint Gervais, le 24 janvier 1993, Semaine de prière pour l'Unité*, dans Sources vives 49, pages 32-39.

La volonté de Dieu
Le discernement des esprits

Texte biblique

« Nous vous demandons, frères, d'avoir des égards pour ceux qui parmi vous se donnent de la peine, veillent sur vous dans le Seigneur et vous reprennent ; ayez pour eux la plus haute estime, avec amour, en raison de leur travail. Vivez en paix entre vous. Nous vous y exhortons, frères : reprenez ceux qui vivent de manière désordonnée, donnez du courage à ceux qui en ont peu ; soutenez les faibles, soyez patients envers tous. Prenez garde que personne ne rende le mal pour le mal, mais recherchez toujours le bien entre vous et à l'égard de tous. Soyez toujours dans la joie, priez sans cesse, rendez grâce en toute circonstance, car c'est la volonté de Dieu à votre égard dans le Christ Jésus. N'éteignez pas l'Esprit, ne méprisez pas les paroles des prophètes ; examinez tout avec discernement : retenez ce qui est bon ; tenez-vous à l'écart de toute espèce de mal. »

1 Th 5, 14-22

De la Règle de Vie des Prêtres du Sacré-Cœur de Jésus

Loin de nous rendre étrangers aux hommes, notre profession des conseils évangéliques nous rend davantage solidaires de leur vie.

RV, 38

Dans notre manière d'être et d'agir, par la participation à la construction de la cité terrestre et à l'édification du Corps du Christ, nous devons signifier efficacement que c'est le Royaume de Dieu et sa justice qui doivent être cherchés avant tout et à travers tout. (Cf. Mt 6, 33)

« Nul ne doit penser que par leur consécration les religieux deviennent étrangers aux hommes ou inutiles dans la cité terrestre. S'ils ne sont pas toujours directement présents aux côtés de leurs contemporains, ils leur sont plus profondément présents dans le cœur du Christ, coopérant spirituellement avec eux, pour que la construction de la cité terrestre ait toujours son fondement dans le Seigneur et soit orientée vers lui, pour que ceux qui bâtissent ne risquent pas de peiner en vain. » *(LG 46)*

Chaque jour nous sommes invités à chercher et à vivre la volonté de Dieu « *Que ta volonté soit faite sur la terre comme au ciel* ». Celui qui cherche la volonté de Dieu dans sa propre *vie mène* un double combat : pour Dieu et contre le mal. Sans cesse nous sommes invités à prendre des décisions entre le bien et le mal, confrontés aux tentations et divisés au fond de notre cœur. Trouver la volonté de Dieu dans ma propre vie est un combat de prière et de persévérance, combat de fidélité et d'espérance. Comment vivre ce combat qui est naissance ? De quelles armes disposons-nous ? Comment trouvons-nous une réponse à l'Écoute de l'Écriture, des saints et des hommes et de femmes de tous les temps ?

Découvrir la volonté de Dieu a aussi un aspect thérapeutique, parce que la découverte de la volonté de Dieu donne une stabilité à notre vie. Soyons sincères : Nous voulons mettre de l'ordre dans notre vie...

Nous sommes appelés à vivre la vie, à partager la vie. Être chrétien signifie, vivre par Jésus, vivre avec Jésus et vivre en lui. Jésus qui nous a donné la vie en abondance. Notre vie est un chemin, qui s'appelle Jésus Christ. Notre vie est un reflet de la vérité qui est Jésus Christ. Mais nous rencontrons dans notre vie aussi l'épreuve et le mal. Oui notre vie est un combat spirituel. C'est ici que surgit la question du discernement des esprits qui nous fait distinguer l'épreuve, laquelle conduit à la croissance et à la vie, de la tentation, laquelle conduit au péché et à la mort.

Reconnaissons-le : si le mal se présentait à nous sous la forme du mal, nous le rejetterions plus facilement. Mais le fait est que la tentation est menteuse. Son objet est apparemment « *bon, séduisant à voir, désirable* » (Gn 3, 6), alors qu'en réalité son fruit est la mort. Le diable ne se présente donc jamais à visage découvert. Pour arriver à ses fins et se faire accepter, le Malin se déguise en ange de lumière, comme l'affirme saint Paul (2 Co 11, 14).

Je veux offrir ici des critères de discernement issus de la longue tradition chrétienne, sans oublier d'intégrer les fruits de la psychologie contemporaine. Ce combat spirituel se passe non seulement en nous qui sommes dans le monde, mais dans les situations conflictuelles auxquelles nous pouvons être confrontés au sein de notre famille, de notre communauté, dans l'entreprise, entre groupes sociaux et sur le plan international. La capacité de discerner les esprits, nos pensées pour savoir si elles sont de Dieu ou non, et par conséquent savoir si nous devons y consentir ou leur résister, est donc plus que jamais d'actualité.

L'École du Saint Esprit – la mélodie divine

La voie vers le Père, c'est le Christ. Il faut le suivre et tel et notre désir le plus profond. Mais nous sommes comme ces personnes qui viennent d'écouter une symphonie sans avoir aucune connaissance musicale. Et si jamais nous arrivons à apprendre cette symphonie, nous découvrons que nous ne sommes pas des musiciens : il nous manque cette sensibilité à la beauté sonore et cette inspiration pour la communiquer, qui font le véritable artiste.

Découvrons d'abord le don de Dieu.

Par l'action de l'Esprit Saint nous sommes devenus fils adoptifs dans le Fils, nous entrons dans l'échange prodigieux de connaissance et d'amour qui s'opère entre les personnes de la Sainte Trinité, qui est la vie intime de Dieu, la réalité ultime de l'être. A cette fin, la grâce sanctifiante nous élève au niveau de l'être divin au plus profond de notre cœur. Par les vertus théologales de foi, d'espérance et de charité, infusées en nous par notre baptême, nous avons vraiment le pouvoir de connaître Dieu, de la connaissance qu'il a de lui-même (fût-ce sous un mode obscur en cette vie), et de l'aimer de l'amour dont il s'aime. Dieu vit en nous sa propre vie. Et pourtant c'est nous qui vivons cette vie. C'est cela l'incroyable don de Dieu.

La docilité à l'Esprit Saint

Se laisser conduire par l'Esprit Saint (Ga 5, 16), se laisser transformer par l'Esprit en l'image du Christ (2 Co 3, 18), vivre selon l'Esprit (Gal 5, 25). Nous pouvons nous opposer à l'action de l'Esprit, l'attrister (Ep 4, 30). L'Esprit n'agit pas en tyran. Il ne nous traite pas en automates. Son action est profonde, mais discrète. Il nous invite, sans imposer. Il ne nous fait pas perdre notre liberté, mais nous rend libres.

Il y a toutes sortes d'ondes électromagnétiques qui traversent l'atmosphère autour de nous. Elles nous échappent car nous n'avons aucun organe pour les détecter. Il nous faut un appareil de radio ou de télévision pour intercepter ces ondes et recevoir les messages qu'elles véhiculent. Ainsi, pour percevoir les motions de l'Esprit, avons-nous besoin d'un « équipement » spécial, d'une oreille adaptée à sa musique particulière. Les Pères de l'Église y parlaient des voiles de la barque de notre âme, qui nous permettent de capter le souffle de l'Esprit. Toute image étant défaillante, il ne faut pas trop matérialiser ces réalités, si fines et délicates.

Le maître intérieur – la vie spirituelle

La vie spirituelle doit être le milieu où se meut le moine, et tout homme de foi d'ailleurs, car elle n'est autre que la vie de foi. Cette vie doit être l'horizon à partir duquel s'évalue l'importance de toute chose, selon la règle de l'éternité. La sagesse de Dieu, la pensée du Christ, c'est l'Esprit qui en est la source. Regardons-en nous-mêmes, honnêtement par quel esprit nous laissons-nous habituellement guider dans nos actions, nos choix, nos jugements, nos désirs ? Par l'Esprit du Christ ? Ou par notre vanité, notre égoïsme, notre orgueil, notre susceptibilité, des désirs puérils, tout ce que St Paul nomme la chair ? Nous sommes invités à apprendre une conduite par l'Esprit Saint. Silence extérieur d'abord : Il faut le garder « par respect pour le Saint Esprit qui habite en nous » - en soi et en autrui. Mais encore le silence intérieur. Le silence n'est pas quelque chose de négatif, mais une forme d'attention, une réceptivité positive. Il doit être comparé à la figure de marie de Béthanie assise aux pieds de Jésus, se faisant toute attention à sa parole. Une vie de prière sans silence intérieur n'est pas possible. Sur le plan intellectuel, la lumière de l'Esprit trouve surtout deux principes de résistance. Le premier est dû à un attachement excessif aux lumières proprement rationnelles (rationalisme sous toutes ses formes, avec la défiance qui en résulte pour toute lumière dépassant ce plan purement rationnel) à l'orgueil et à la suffisance intellectuels. Quant au second, c'est la superficialité ou le manque d'attention aux réalités spirituelles. Tous deux peuvent se trouver, sous des formes cachées dans la vie religieuse.

La voie vers Dieu passe par une exigence et une transformation profonde de soi. Le cœur, on le sait, désigne ici le centre d'intégration personnel des facultés humaines (intellectuelles, émotionnelles et même physiques), la source de toute vitalité et spirituelle.

Le discernement des esprits dans la Bible

Tout l'art spirituel consiste à nous laisser conduire par l'Esprit, ce qui suppose que nous soyons capables d'en reconnaître les motions. Tout esprit ne vient pas de Dieu. Un discernement s'impose. (1 Jn 4, 1).

A travers l'Ancien Testament

Les premières pages du livre de la Genèse dévoilent l'existence de la puissance personnelle du mal, Satan qui pousse l'homme à désobéir aux commandements de Dieu (Gn 3). Adam est tombé. L'harmonie de l'être humain s'est rompue. La concupiscence s'est déchaînée, la chair entre en lutte contre l'esprit. La lutte entre la lumière et les ténèbres divise le cœur de l'homme, tout comme la vie sociale et politique. Mais Dieu ne laisse pas le champ libre à l'Adversaire. L'Esprit-Saint agit sur l'homme, directement ou indirectement. L'espoir ultime est que l'esprit inscrira la loi de Dieu dans le cœur intime de l'homme, pour qu'il l'accomplisse librement et pleinement.

Les Évangiles synoptiques

Les juifs, pour la plupart, ne savent pas discerner l'action de l'Esprit dans les paroles et les miracles de Jésus. Ils voient l'action de Satan (Mt 12, 49). C'est le péché contre l'Esprit, contre la lumière même (Mt 12, 31-33). La tentation des disciples sera de vouloir une réussite au niveau humain, des dates précises et des signes assurés (Mt 13, 49). Mais le Royaume de Dieu est le fruit du sacrifice.

Pour discerner entre les vrais et les faux prophètes, Jésus donne une règle simple : « C'est à leurs fruits que vous les reconnaîtrez (...) Tout bon arbre produit de bons fruits, mais l'arbre malade produit de mauvais fruits (Mt 7, 16-17). Parfois le discernement est difficile, le bon et le mauvais étant inextricablement mêlés au milieu du blé jusqu'à la moisson (Mt 13, 24-30). Le Christ nous met en garde contre le danger du retour des esprits mauvais expulsés de la maison, une fois celle-ci « inoccupée, balayée et mise en ordre » : « Et le dernier état de cet homme devient pire que le premier » (Mt 12, 43-45). Le démon ne peut s'en aller, sinon par la prière et le jeûne (Mt 17, 19-21). Foi, prière, jeûne.

Saint Paul

L'apôtre indique que toute la vie doit être un culte spirituel (Rm 1, 28 ; 2, 18). Cela exige une transformation de l'être. Les critères de discernent : Tout le discernement des esprits, selon Paul, est fondé sur la règle évangélique : on juge l'arbre à ses fruits. On peut distinguer trois principes fondamentaux de discernement : vérité, puissance et amour.

Vérité : Confession du Christ

Lumière et paix : Nées de la vérité, les œuvres de l'Esprit portent la marque de l'Esprit et celle de la lumière et de la paix (Ep 5, 8-11).

Puissance : L'Évangile est fondé non sur la sagesse humaine, mais sur la puissance de l'Esprit (1 Co 2, 4-5).

La puissance de l'Esprit peut se montrer dans les œuvres cachées de l'humilité, de la prière, de la persévérance dans l'épreuve de la foi en solitude etc.

Amour : Le grand hymne à l'amour dans 1 Co 13, 1-7.

Saint Jean

Jean, le contemplatif, nous présente une vision unifiée et plus dépouillée. Il voit le drame du salut comme un combat entre la lumière et les ténèbres. La première lettre épître de St Jean est un véritable traité de discernement.

Le discernement des esprits selon la tradition monastique

Les Pères du désert

Les Pères du désert se sont beaucoup préoccupés du problème du discernement (cf. *La vie de saint Antoine*, par Jean Cassien). Le moine, par son mode de vie, a moins de tentations de pécher lui venant de l'extérieur. La lutte devient alors plus intérieure et se situe surtout au niveau des « pensées », c'est-à-dire des suggestions, motions et idées qui se présentent à son esprit et sollicitent sa liberté. La source de ses pensées peut être Dieu (ou un ange), la nature humaine, ou le Démon (Ep 6, 12). Au cœur de la tradition monastique, on trouve la notion de la discrétion. Ce mot a deux sens :

- Discernement des esprits ; prudence dans la conduite des autres et de soi-même.
- Sens de la mesure et du juste milieu

La purification des passions

Pour les Pères, les huit vices principaux sont : la gourmandise, l'impureté, l'avarice, la colère, la tristesse, l'acédie, la vaine gloire, l'orgueil.

Conseils généreux pour la purification des passions (Cf. Évagre Le Pontique, Traité pratique, chapitre XV) : « Lorsque l'intellect vagabonde, la lecture, la veille et la prière le fixent ; quand la concupiscence est enflammée, la faim, la peine et la solitude l'éteignent ; quand la partie irascible est agitée, la psalmodie, la patience et la miséricorde la calment. Et cela, accompli au moment et dans la mesure qui conviennent ; car ce qui est immodéré et inopportun dure peu, et ce qui dure peu est plus nuisible qu'utile.

Les passions sont liées entre elles. Il y a une hiérarchie. C'est une illusion de vouloir combattre contre l'impureté si l'on n'a pas surmonté la gloutonnerie ; ni contre l'avarice si l'on n'a pas d'abord vaincu ces deux premières passions. Il faut un effort global, c'est-à-dire qu'il faut ne se laisser aller à aucune passion, tout en se concentrant plus spécialement sur la plus forte. On fait ainsi mourir l'arbre géant en coupant ses racines.

Vigilance : Il faut se faire le portier de son cœur, interrogeant chacune des pensées qui se présentent.

Saint Ignace de Loyola

Dans ses Exercices spirituels, il souligne trois séries de faits à discerner :

1. Visions, révélations, paroles
2. Inspirations intérieures qui ne se distinguent pas du flux de notre conscience nouvelle ;
3. États de consolation ou de désolation, qui peuvent fournir une indication de la volonté divine, en tant que liés à tel projet.

Aucune dimension de la personne ne doit être exclue : physique, psychologique, spirituelle. L'être humain est incarné.

Le discernement des esprits et la psychologie moderne

La grâce bâtit sur la nature. Il y a certes continuité entre le développement psychologique de la personne humaine et la vie de la grâce. Nous refusons la vue déterminante et pessimiste de l'homme véhiculée par la psychanalyse freudienne : l'homme ne se réduit pas à sa « psyché ». Nous ne nous souscrivons pas non plus à une vue subjectiviste et optimiste de Rogers, Maslow et de quelques existentialistes, car on ferme ainsi l'homme sur lui-même en le coupant de sa transcendance.

L'homme est plus que l'homme. Il se réalise en se dépassant. Mais il est une créature marquée par le dérèglement du péché. Il doit donc lutter longuement et patiemment pour mettre de l'ordre dans l'anarchie de ses désirs, et unifier son être dans la poursuite d'un noble idéal perçu par son intelligence.

Pour nous il s'agit de l'idéal évangélique, saisi dans la lumière de la foi, qui nous presse de vivre selon l'amour et la vérité du Christ, dans l'espérance de l'immortalité en Dieu.[1]

---

[1] Cf. Le discernement des esprits par un chartreux : *Sagesse des chartreux*, Presses-Renaissance, 165 pages.

La Parole de Dieu est la stabilité de notre vie : „Rien ne me manque"

Texte biblique

« Le Seigneur est mon berger,
je ne manque de rien.
Sur des prés d'herbe fraîche,
il me fait reposer.
Il me mène vers les eaux tranquilles
et me fait revivre ;
il me conduit par le juste chemin
pour l'honneur de son nom.
Si je traverse les ravins de la mort,
je ne crains aucun mal,
car tu es avec moi :
ton bâton me guide et me rassure.
Tu prépares la table pour moi
devant mes ennemis ;
tu répands le parfum sur ma tête,
ma coupe est débordante.
Grâce et bonheur m'accompagnent
tous les jours de ma vie ;
j'habiterai la maison du Seigneur
pour la durée de mes jours. »

Ps 23

De la Règle de Vie des Prêtres du Sacré-Cœur de Jésus

Disciples du Père Dehon, nous voudrions faire de l'union au Christ dans son amour pour le Père et pour les hommes, le principe et le centre de notre vie. Avec prédilection, nous méditons ces paroles du Seigneur : *Demeurez en moi, comme je demeure en vous : de même que le sarment ne peut, de lui-même, porter de fruit, sans demeurer sur le cep, ainsi vous non plus, si vous ne demeurez en moi* (Jn 15, 4).

Fidèles à l'écoute de la Parole et au partage du Pain, nous sommes invités à découvrir de plus en plus la Personne du Christ et le mystère de son Cœur, et à annoncer son amour qui surpasse toute connaissance.

Que le Christ habite en vos cœurs par la foi, et que vous soyez enracinés, fondés dans l'amour. Ainsi vous recevrez la force de comprendre, avec tous les saints, ce qu'est la Largeur, la Longueur, la Hauteur et la Profondeur, vous connaîtrez l'amour du Christ, qui surpasse toute connaissance, et vous entrerez par votre plénitude dans toute la Plénitude de Dieu (Ep 3, 17-19).

RV, 17

*

Dieu parle à l'homme. Et l'homme ? Parle-t-il à Dieu ? Parle-t-il à son frère ? À l'heure où la communication est le maître-mot de nos sociétés, comment retrouver le chemin d'une vraie communion entre tous les hommes ? Par la Parole qui guérit, par la Parole qui relie, par la Parole jaillie du silence et de la prière, la Parole faite chair et dont le nom est « Dieu sauve » : Jésus. Il est la seule Parole capable de nous rassembler pour la parfaite guérison de chacune de nos âmes. Le Christ est notre Parole et nous formons son Corps. Cette entreprise que nous vivons collectivement c'est l'Église. Elle n'a pas d'ordre matériel. Nous ne pouvons pas, comme la tour de Babel, l'appréhender et la posséder, mais nous la recevons, elle qui descend du ciel. L'Église est l'anti Babel. Nous y retrouvons cette Parole des origines, efficace, féconde et dite à deux voix, dans une pleine communion. C'est la Parole sacramentelle de l'Église qui reprend les Paroles du Verbe pour consacrer le pain et le vin.

Le Seigneur dit : « *Ceci est mon corps (...), ceci est mon sang* » *cela est* (Mc 14, 22-24). L'Église le dit à son tour, et cela est actualisé pour nous, et pour le salut du monde. Par la Parole du Seigneur reprise par l'Église, la Parole de Dieu devient notre nourriture afin que nous partagions à pleine voix et à pleine vie. Le Christ, qui est la Parole de Dieu nous donne la stabilité ». Je ne manque de rien ».

Le sacrement et la *lectio divina*

La constitution « *Dei Verbum* » du Concile Vatican II a remis en honneur la place de l'Écriture Sainte dans la Tradition du Peuple de Dieu avec l'interprétation du magistère de l'Église. Dans son chapitre 6, elle remet la Sainte Écriture au cœur de la vie de l'Église comme constitutive du Peuple de Dieu, en recommandant surtout aux clercs d'en faire la lecture spirituelle assidue et l'étude approfondie.

Le pain de la Parole

La Lecture Sainte a une longue histoire ; c'était déjà un procédé de la Synagogue. Dans le livre de Néhémie au chapitre 8, on nous rapporte, au retour de l'exil, la découverte de la Thora qu'Esdras lit au peuple durant sept jours. Il s'agissait de « bien discerner les paroles de la Loi ». L'homme est créé pour chercher et trouver la présence de Dieu.

La tradition patristique a commenté le chapitre 6 de Saint Jean en parlant de l'unique pain du Christ, celui de la Parole accueillie dans la foi et celui de la Chair et du Sang du Christ reçus dans l'Eucharistie. Jésus est l'unique pain de Dieu descendu du ciel, à travers sa Parole et à travers le don de soi. Sa Parole est Esprit et Vie. Il donne sa vie en donnant sa Parole. Il n'y a pas d'écart entre sa Parole et sa Vie. On accueille l'une dans l'autre. Il n'y a qu'un seul événement : celui de la Parole et celui du Sacrement de sa présence. Saint Ignace d'Antioche dit que pour obtenir l'héritage, il faut se réfugier dans l'évangile comme dans la chair du Christ. Saint Jérôme dit qu'il faut manger la chair du Seigneur et boire son sang, non seulement dans le mystère de l'autel, mais dans toute l'écriture. Et Origène : « l'Écriture est Mystère et Sacrement où se trouve la présence de Dieu et par l'un et l'autre dans son Incarnation ».

Ainsi dans la tradition patristique, l'Écriture n'est pas un livre, comme le Coran, mais un Sacrement de la Parole de Dieu. L'Écriture reçue dans l'Esprit du Christ exprime et communique comme un événement de grâce. Et la

Parole de Dieu ne peut être séparée des sacrements de l'Église. L'Esprit nous sanctifie par l'unique médiateur et pour être éloquents les sacrements ont besoin de la Parole de Dieu.

La tradition de l'Église nous montre la *lectio divina*, où l'Écriture lue et méditée avait pour but de découvrir le Mystère du Christ.

Dans l'Esprit du Christ ressuscité

Nous connaissons le Christ véritablement par l'Écriture reçue dans l'Esprit Saint du Christ. Mais il est important de ne pas séparer les divers éléments qui nous donnent de faire l'expérience du Christ ressuscité et où nous puisons son Esprit : l'enlisé, la communauté qui nous fait vivre, l'Eucharistie, les Écritures. Pour aimer le Christ, il faut le connaître. Il ne peut y avoir une connaissance du Christ vrai Dieu et vrai homme sans l'Écriture interprétée par l'Église dans l'Esprit du Christ. Pour connaître le Christ, il faut le laisser resplendir, comme à la Transfiguration, entre Moïse, Elie et les apôtres. Moïse et Elie sont là pour garantir une véritable interprétation de la Croix. Séparée de l'Église et de l'Eucharistie, séparée de l'effort de vivre la Vie du Christ ressuscité et de devenir lettre morte. Elle peut être étudiée pour elle-même avec le scrupule du docteur de la Loi, l'érudition de l'exégète incroyant, ou la crédulité de l'homme religieux fondamentaliste.

Seule l'œuvre de Dieu culminant dans la Résurrection du Christ donne la clé de lecture de toute la Bible. » Qui est digne d'ouvrir le livre et d'en rompre les sceaux » sinon « *le Vivant* », l'Agneau vainqueur de la mort ? Tant que le Christ n'est pas ressuscité, l'Écriture permet seule de les interpréter. « Il vous introduira dans la vérité toute entière ». Il est le véritable exégète de l'Écriture. Dès lors, toute lecture de la Bible faite en unité avec l'Église dans l'intention de rencontrer le Christ ressuscité, devient lecture sainte, lecture divine, *lectio divina*.

Le protestantisme recommandait la seule Écriture pour construire et animer la foi (*sola scriptura*). En réaction, l'Église catholique a eu tendance à développer le Sacrement pour lui-même. Puis, au même moment où l'exégèse scientifique s'emparait des textes de la Bible, les commentaires de l'Écriture sont devenus de plus en plus moralisants, et la piété chercha sa nourriture dans les dévotions sans grand lien avec l'Écriture. Mais sans la prière l'exégèse dessèche, et sans la *lectio divina* la dévotion s'essouffle. Celle-ci n'est souvent que la projection de nos besoins si elle n'est pas éclairée par l'Écriture. Enfin, sans la Parole de Dieu de Dieu le Sacrement est muet... Il est nécessaire que la Parole donne sens de l'action divine pour sa pleine efficacité, sinon il peut y avoir erreur d'interprétation et parfois idolâtrie.

Célébrée comme un sacrement

De son côté, la *lectio divina* elle-même doit être célébrée comme un sacrement. Il n'y pas de *lectio divina* sans épiclèse ; le premier temps de cette lecture sera donc celui de la prière fervente à l'Esprit Saint de nous unir à la communauté ecclésiale et de nous faire participer au sens qu'il a donné lui-même à la lettre du texte, pour nous d'abord, pour notre communauté éventuellement et pour l'Église.

Ensuite la seconde étape est celle de l'écoute de la Parole. Ce n'est pas une simple lecture mentale. C'est une expérience d'écoute. Une écoute prête à la mise en pratique. Ce n'est pas une lecture curieuse, mais faite avec bonne volonté, sachant que le Sens ne se révélera pleinement que dans la mise en pratique.

Cette lecture tendra à être celle de toute l'Écriture. Il ne faut pas choisir les seuls passages que nous aimons car il y a le risque de délaisser les lieux où la Parole nous blesse. Il y a des passages qui nous paraîtront sans saveur. Nous n'avons pas à juger la Parole de Dieu, mais à nous laisser juger par elle. Pour cette lecture continue, fidèle, cursive, à la même heure, il faut savoir sacrifier du temps et non donner le temps qui reste comme autrefois les lévites sacrifiaient des victimes défectueuses.

Après l'écoute, qui peut être faite aussi en écrivant le texte, vient la méditation. On scrute le texte, on le creuse ; on commente l'Écriture par l'Écriture. Comme le dit Origène, on entre dedans, on cherche les lieux parallèles, les thèmes ; on possède peu à peu les concordances bibliques. On apprend à faire retenir la Parole depuis la promesse jusqu'à l'accomplissement, tout en méditant l'unité du dessein de Dieu. On cherche à découvrir le message symphonique de l'Écriture, le Mystère du Christ et la présence de Dieu cachés dans cette parole humaine inspirée qui captera toute notre attention. Et la relecture des textes que nous pensions connaître, renouvellera notre ferveur par des sens nouveaux aujourd'hui cachés. St Augustin dit : « Hier tu comprenais un peu, aujourd'hui tu comprends davantage, demain tu comprendras mieux encore ».

Goûter la saveur de la Parole

Dieu ne se trouve pas dans l'au-delà des mers et des cieux car « *sa Parole est tout près de toi, elle est dans ta bouche, et dans ton cœur, pour que tu la mettes en pratique* » (Dt 30, 14). L'Épître aux Hébreux parle de « *ceux qui ont goûté au don céleste et savouré la belle parole de Dieu* » (He 6, 5). La Parole nous nourrit et en même temps se nourrit de nous, elle a besoin du terreau nourricier de notre humanité pour croître et se développer « *jusqu'à ce que le Christ soit formé en nous* ». Car le message de la Parole pénètre le corps et l'âme une grande force de conversion et de transformation. Les auteurs parlent de l'unification de l'intelligence et du cœur. Car la vigilance maintient l'intelligence à contempler la Parole dans un cœur craignant Dieu. Et cette contemplation est source d'unité, de joie, de bonheur très simple car l'intelligence retrouve son vrai rôle qui est d'illuminer l'objet de l'amour et elle devient lumineuse des dons de science, de sagesse et l'intelligence. « *Marie méditait dans son cœur* » (St Luc).

Cette assimilation par le cœur de la Parole lue et entendue a pour résultat de nous en faire goûter la saveur : « *Goûtez et voyez comme est bon le Seigneur* », nous dit le psaume souvent commenté par les auteurs cisterciens. Guillaume de Saint- Thierry s'explique ainsi : « *Pour tout livre de l'Écriture, la lectio faite avec application et la simple lecture diffèrent autant l'une de l'autre que l'amitié de l'hospitalité passagère et l'affection fraternelle d'un salut occasionnel...* » « Il faut aussi chaque jour détacher quelques bouchées de la lecture quotidienne et confier à l'estomac de la mémoire un passage que l'on digère mieux et qui, appelé à la bouche, fera l'objet de fréquentes ruminations. »

La dernière étape, lorsque la Parole est descendue dans le cœur réchauffé, c'est la prière, la réponse ou le silence dans lequel on demeure. Il n'y plus à parler, il n'y a plus à réfléchir ; il reste à faire monter en soi la réponse comme dans un dialogue d'amour. Il ne s'agit pas seulement de conformer nos pensées aux siennes, mais de le rencontrer Lui. C'est là l'oraison et l'expérience de la présence. Nous remercions Dieu de la Parole qu'il nous a donnée. Nous la conservons dans notre cœur et souvent à notre insu. C'est elle qui nous donne d'agir et de témoigner dans le reste de la journée. Elle est vraiment cette petite graine qui croît et devient un grand arbre, celle qui dans notre cœur le convertit, le change, le transforme à l'image du Fils-aimé, Parole du Père.[1]

---

[1] Dom Bernard Ducruet osb : *Le sacrement de la lectio divina*, revue *Sources vives*, nr 57, pages 122-127.

Pourquoi l'adoration du Très Saint Sacrement ? Trouver notre identité par l'adoration

Texte biblique

« *Mais l'heure vient, et elle est déjà venue, où les vrais adorateurs adoreront le Père en esprit et en vérité ; car ce sont là les adorateurs que le Père demande. Dieu est Esprit, et il faut que ceux qui l'adorent l'adorent en esprit et en vérité.* »

Jn 4, 23-24

De la Règle de Vie des Prêtres du Sacré-Cœur de Jésus

En relation très étroite avec la célébration eucharistique, dans l'adoration nous méditons les richesses de ce mystère de notre foi, afin que la chair et le sang du Christ, nourriture de vie éternelle, transforment plus profondément nos existences.

Qui mange ma chair et boit mon sang a la vie éternelle ; et moi, je le ressusciterai au dernier jour. Car ma chair est vraie nourriture, et mon sang est vraie boisson. Qui mange ma chair et boit mon sang demeure en moi et moi en lui (Jn 6, 54-56).

En cela nous répondons à une exigence de notre vocation réparatrice. Dans l'adoration eucharistique, nous voulons approfondir notre union au sacrifice du Christ pour la réconciliation des hommes avec Dieu.

RV, 83

*

Nous sommes créés pour louer et adorer le Seigneur. C'est dans la louange et l'adoration du Seigneur que nous redécouvrons notre identité. L'engagement du Prêtre du Sacré-Cœur se nourrit de l'adoration.

L'adoration est pour nous un moment privilégié et intensif dans notre journée. Oui l'adoration est pour nous un exercice de rééducation pour la vie quotidienne. Dieu doit prendre la première place dans notre vie. Par l'adoration, notre foi chrétienne ne devient jamais un corps étranger dans notre vie. Nous sommes appelés à la VIE. Cela signifie que nous sommes invités à penser, parler et agir comme Jésus. Nous sommes membre du corps mystique qui est l'Église. Notre témoignage comme religieux rayonne, si nous sommes appelés à partager dans la simplicité avec un grand et bon cœur. « *Sortir de la sacristie !* » signifie aussi que le Seigneur nous envoie comme de agneaux au milieu des loups. « *Celui qui craint le Seigneur n'a peur de rien* », dit le Siracide (Si 34, 16). La crainte de Dieu libère de la crainte des hommes. Elle rend libre !

Par cette retraite je voulais modestement montrer nos maladies. Benoît XVI disait : « *Lorsque nous sommes accablés sous le poids de nos fautes, de nos impasses, lorsque tout semble joué et qu'il n'y a plus qu'à boire la coupe, si nous levons les yeux vers la Croix, nous sommes infiniment proches du Royaume. Le bon larron en témoigne, lui le premier à avoir fait l'expérience de la miséricorde »* Ne perdons pas le courage si nous souffrons de notre propre fragilité. » *Ne jamais désespérer de la miséricorde de Dieu »* dit saint Benoît dans sa Règle (RB 4, 74). Lorsque nous sommes accablés sous le poids de nos fautes, de nos impasses, lorsque tout semble joué et qu'il n'y a plus qu'à boire la coupe, si nous levons les yeux vers la Croix, nous sommes infiniment proches du Royaume. Le bon larron en témoigne, lui le premier à avoir fait l'expérience de la miséricorde. Comme le bon larron nous sommes appelés à temps et à contre temps pour témoigner que nous sommes guéris par ses souffrances.

Si l'Eucharistie est vraiment une nourriture (Jn 6, 55), est-il légitime d'en faire un prolongement en forme de simple contemplation ? Et puisque le pain et le vin sont offerts ensemble sur l'autel, pourquoi garder seulement l'hostie consacrée, pour la placer dans un tabernacle ou sur un ostensoir ? Sur quelles bases solides de l'Écriture ou de la Tradition peut-on dès lors fonder une telle dévotion ? Dévotion qu'au demeurant le protestantisme refuse et que l'orthodoxie tient à distance. On ne peut que s'interroger effectivement.

Jean-Paul II disait : « L'Église et le monde ont un grand besoin du culte eucharistique. Jésus nous attend dans le sacrement de l'amour. Ne refusons pas le temps pour aller Le rencontrer dans l'adoration, dans la contemplation pleine de foi et ouverte à réparer les fautes graves et les

délits du monde. Que ne cesse jamais notre adoration. »
(*Dominicae Cenae,* 3)

Pourquoi donc cette insistance et cette assurance ?

À la lumière de l'Écriture

La première raison qui fonde cette pratique est d'ordre scripturaire. La Bible tout entière, deux Testaments réunis, nous aide ici à le comprendre. De toujours, Dieu, qui se définit lui-même comme *ami des hommes,* a voulu nous donner des signes de sa présence fidèle et nous manifester la permanence de sa proximité.

À Béthel, le Seigneur révèle sa présence à Jacob, le père d'Israël qui ne savait pas encore qu'il était là. Que ce lieu est redoutable, ce n'est rien moins qu'une maison de Dieu et la porte du ciel (Gn 28, 17).

Avec Moïse, les choses vont encore avancer et se préciser. « *Fais-moi un tabernacle que je puisse résider par-mieux* », dit le Seigneur à son messager auprès du peuple (Ex 25, 8). Avec plus de netteté encore, l'ordre est réitéré : Taille deux tables de pierre comme les premières. « *Monte vers moi sur la montagne et fais-moi une arche...* » (Dt 10, 1). Et voici que le Seigneur lui-même écrit à nouveau de son doigt les dix paroles déjà données sur la montagne (Ex 10, 4-5). On ne saurait mieux parler d'adoration en présence de Dieu. D'une présence de Dieu mystérieusement signifiée par cette arche contenant le témoignage et dominée du fameux propitiatoire d'or pur. Et quand on nous précise ensuite que, « *Moïse une fois rentré au camp, son serviteur le jeune Josué, ne quittait pas l'intérieur de la Tente* » (Ex 33, 11), ne peut-on dire qu'on est déjà devant une permanence d'adoration ?

S'assembler pour adorer. C'est là que tout fidèle croyant peut s'avancer pour se prosterner devant sa face, afin d'apprendre de lui ce qu'il doit faire.

Souvenons-nous en effet : C'est *vers le sanctuaire du Seigneur* qu'*Anne* s'avance pour implorer son Dieu en présence du prêtre Eli (1 S 1, 9), lui-même sur son siège, assis devant la porte du dit *sanctuaire de Dieu.*

C'est là que le Seigneur en personne parle au petit *Samuel.* La lampe de Dieu n'est pas encore éteinte, cependant que Samuel restait couché dans un sanctuaire de Dieu, là où se trouvait l'arche du Seigneur. (Cf. 1 S 3, 3)

C'est dans ce même sanctuaire que *David* entre à son tour et vient s'asseoir devant Dieu, afin d'apprendre du Seigneur ce qu'il doit faire (cf. 2 S 7, 8).

On est dans la droite ligne de ce que, depuis toujours, l'Écriture Sainte nous annonce, non seulement en célébrant l'Eucharistie, mais encore en gardant continûment au milieu de nous ce signe, cette réalité merveilleuse de la présence eucharistique, et en nous tenant, au fil des jours, à l'adoration du Très Saint Sacrement.

Le tabernacle de toutes nos églises catholiques et l'ostensoir de nos heures d'adoration eucharistique sont dans le droit fil de ce que tout le Premier Testament appelle la présence permanente de Dieu en son Sanctuaire. Et comment ne pas le dire et le vivre encore aujourd'hui plus que jamais, où le Christ en personne, Fils de Dieu venu sur terre, a voulu nous donner cette marque réelle et éternelle de sa présence vivante et permanente parmi nous ! On ne saurait mieux dire combien Dieu en personne, au nom même de tout de ce que nous révèle l'Ecriture, attend de nous que nous soyons des adorateurs dans l'Esprit et la vérité (Jn 4, 23-24). Et donc, par excellence, en présence de ce Saint Sacrement, si spirituel et si véritable. « Si l'adoration n'est plus représentée au sein de la cité, écrit la même année 1968, à Paris, le Cardinal Jean Daniélou, si celle-ci se construit en dehors de Dieu, elle ne sera pas seulement une cité areligieuse, mais aussi une cité inhumaine ». Heureusement, on adore toujours le Très Saint Sacrement dans beaucoup d'églises.

À ces raisons scripturaires et historiques, fondées sur l'Écriture et la Tradition, on peut ajouter une raison plus intérieure, mais non moins forte, et qui est une *raison spirituelle*. S'il est vrai que l'on juge l'arbre à ses fruits, il est sûr que l'adoration du Saint Sacrement est un arbre bon, à voir tous les bienfaits que l'on peut retirer à la pratiquer. Que de grâces reçues et de fruits récoltés ! Comment en serait-il autrement quand on sait, de toute sa foi, que, dans le vis-à-vis, il n'y rien moins qu'un face à face avec le Seigneur ? Comme Jacob à Béthel, on peut redire : Que ce lieu est redoutable ! Ce n'est rien moins qu'une maison de Dieu et la porte du ciel.

On doit ajouter une *raison pastorale*. Il existe en effet, dans la chrétienté, toute une série de personnes qui ne peuvent pas ou ne veulent pas communier, ou que les occupations empêchent souvent de se rendre à une célébration eucharistique, ou trop matinale ou trop tardive ou trop éloignée. Quelle grâce alors pour eux de pouvoir s'arrêter en présence du Saint Sacrement pour y vivre, dans le silence de la paix, un temps d'adoration.

Pour les divorcés remariés qui savent, en conscience, qu'ils ne peuvent recevoir directement le pain et le vin consacrés, quel réconfort et quelle joie de pouvoir se tenir dans le face à face où, visuellement, sensiblement, le Christ leur révèle sa présence à travers le signe lumineux et silencieux de l'ostensoir. Certains, ayant découvert cela, ont pu voir leur vie spirituelle et familiale totalement apaisée et transformée.

Et que dire de tous ceux et celles qui, pour mille raisons, ne se sentent pas en état de s'avancer vers l'autel ; ou des catéchumènes si désireux de communier mais qui ne peuvent le faire du fait qu'ils ne sont pas encore baptisés ; ou même de tous ceux et celles, et peut-être aujourd'hui plus nombreux que l'on croit, qui ne sont pas chrétiens, parce que sans religion ou même appartenant à une autre religion, et qui trouvent, découvrent, recherchent là, parfois surpris, parfois émerveillés, parfois bouleversés, le pressentiment d'une présence ou la révélation d'un mystère ?

Quelle sagesse de la part de l'Église et quel sens pastoral plein de réserve et de bonté dans le fait de permettre ainsi, à qui le désire, dans la discrétion, la liberté, le respect, de pouvoir se tenir là, comme le publicain de l'Évangile ou comme ces Grecs montés pour adorer durant la fête et

disant à Philippe : « *Nous voudrions voir Jésus !* » (Jn 12, 20-
22) Ils sont peut-être bien plus nombreux que l'on ne croit.
Comme le dit si bien Teilhard de Chardin, c'est en effet
une immense grâce pour l'homme que de pouvoir adorer
le Dieu qui nous a sauvés. « Oh ! Adorer, c'est-à-dire, se
perdre dans l'insondable, se plonger dans l'inépuisable, se
pacifier dans l'incorruptible, s'absorber dans l'infinité,
s'offrir au Feu et la Transparence, s'anéantir consciem-
ment et volontairement, à mesure qu'on prend davantage
conscience de soi, se donner à fond à ce qui est sans
fond.[1] »

On peut aussi également trouver un *motif apostolique*
au fait même de la présence permanente ou mieux encore
de l'exposition du Saint Sacrement. L'homme a besoin de
voir pour croire. De voir des gens en prière pour ressentir
lui-même le désir de prier à son tour. C'est alors que
l'ostensoir peut parler. Que la procession peut affirmer.
Pas de parole, aucune proclamation dogmatique, nulle
exhortation morale et nul discours apologétique. Mais le
Saint Sacrement est là. Il passe par là. Et la grâce de la
Présence réelle rayonne dans les cœurs. Madeleine Delbrêl
qui vivait la vie quotidienne au milieu des banlieues
urbaines et des « gens des rues » disait : « À l'intérieur
même de la pâte humaine, il faut des êtres d'adoration, si
persuadés de la nécessité de leur tâche que, même privés

---

[1] P. Teilhard de Chardin, *Le Milieu divin*, Seuil, 1957, p. 144.

de toute action sur leurs semblables, ils sauraient qu'ils répondent par-là à l'essentiel de leur vocation.[2] ».

La dernière raison que l'on peut avancer à ce sujet est d'ordre psychologique. D'une psychologie des profondeurs de l'âme qui rejoint elle-même toute une orientation théologique. Sainte Thérèse disait : « *C'est dur d'aimer un Dieu dont on n'a jamais vu le visage ! Et nous voilà contraints à le chercher dans l'invisible, à écouter dans l'inaudible, à le toucher dans l'insensible. Le Fils de Dieu pourtant, image du père invisible, est descendu parmi nous et nous a révélé sa gloire sous le voile de la chair. Nous pouvons dès lors redire nous aussi : Ce que nous avons entendu, ce que nous avons vu de nos yeux, ce que nous avons contemplé, ce que nos mains ont touché du Verbe de Vie, car la Vie s'est manifestée, nous l'avons vu et nous en rendons témoignage* (cf. 1 Jn 1, 1-2). »

Nous pouvons voir l'invisible. Le Christ est là, sous les apparences du pain ; mais c'est lui qui touche mon cœur, se montre aux yeux de ma foi et parle à mon âme ! Nous ne sommes donc plus seuls. Nous ne sommes plus orphelins. Le Christ demeure vraiment avec nous tous les jours et cela, nous en avons l'assurance, jusqu'à la fin du monde : jusqu'au partage de son éternité. Nous possédons Dieu en son essence dans le mystère transcendant de son Eucharistie ! Nos cœurs peuvent être rassurés. Nos âmes apaisées. Notre psychologie est toute épanouie. Notre théologie est toute éclairée. Nous pouvons le voir, le con-

---

[2] Madeleine Delbrêl, citée par A. Manaranche, dans *Un chemin de liberté*.

templer, mieux encore : l'adorer chaque jour, dans cet arc mis par lui dans la nuée, devenu signe d'alliance éternelle entre Dieu et la terre (cf. Gn 9, 13-16).

Le Père Teilhard de Chardin disait : « Plus l'homme deviendra homme, plus il sera en proie au besoin et à un besoin toujours plus explicite d'adorer ». C'est dire combien le monde a besoin de veilleurs éveilleurs et combien dans nos communautés religieuses, plus que jamais, dans ce monde en manque de Dieu, on a besoin de veilleurs adorateurs, dans la permanence paisible et forte de la foi qui contemple, de l'espérance qui attend et de l'amour qui chante.[3]

---

[3] Cf. *Eucharistiques. Conférences spirituelles de carême*, dans *Sources Vives*, Nr 92, p.152-172.

Index des citations bibliques

Ancien Testament

Nouveau Testament

Table des matières